女子の給料 & 職業図鑑

給料BANK 著

宝島社

Prologue

「私の職業は一般的にどのくらいの賃金がもらえるの?」
「将来はどんな職業で働けばいいの?」
「私に合った職業って何?」

この本を手に取ったということは、あなたはこのように悩んだことが一度はあるのではないでしょうか。

シリーズ第3弾となる『女子の給料&職業図鑑』では、女性の職業に着目しました。女性の社会進出が当たり前になり、女性に特化した職業も出てくる時代です。本書は、女性が大活躍しているさまざまな職業の平均給料はもちろんのこと、どんな人がこの職業に向いているのか、女性ならではのメリット、デメリットはあるのか、理想のキャリアプランと現実とのギャップはあるのかなどを調べてわかりやすく解説しています。

今回は、シリーズを通じて編集を担当してくださっている宝島社の九内さま、阿草さまをはじめ、参加していただいた絵師さまや制作スタッフさまの人数がシリーズ最多となりました。掲載イラストにつきましては、女性に特化した書籍ということで、新規職業はもちろんのこと、すでに「給料BANK」で紹介している職業の女性バージョンなど、描き下ろしのイラストをふんだんに盛り込んでおります。皆様のご尽力に心より感謝します。

「働く女性はかっこいい、そして未来でかっこよく働く子どもたちのために……」
みなさまが将来を考える際に、この本を参考にしていただけると幸いです。

なお、本書に掲載されている各職業の給料などの数値については、厚生労働省の労働白書や口コミ、求人情報から統計をとって独自に算出しております。今回も、職業によって、個人差、地域差があるものがほとんどで、統計から算出するのが難しいものもたくさんありましたが、掲載の数値は一つの目安として読んでいただければと考えております。

給料BANK　山田コンペー

Contents

本書の見方

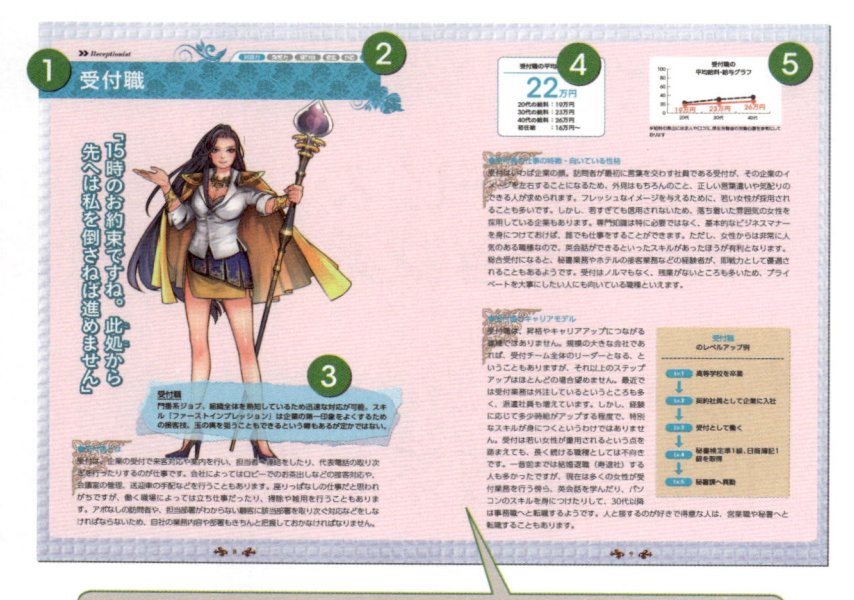

1 職業名

2 この職業の特徴、重視される能力など

3 この職業の紹介（※フィクションです）

4 この職業の平均給料・給与

5 この職業の平均給料と日本の平均給料
（20代:24万円　30代:33万円　40代:38万円）との比較

━━━━ この職業の平均給料　●━●━● 日本の平均給料

給料の金額は、厚生労働省の労働白書、クチコミからの統計、求人情報などをもとに算出しています。個人で調べているため、もし間違いなどがあれば、ぜひinfo@kyuryobank.com宛に、このぐらいだとご指摘いただければ幸いです。情報は常に更新されており、『日本の給料＆職業図鑑』『日本の給料＆職業図鑑Plus』に掲載された内容から更新されている職業もあります。

※本書は、給料・給与・月収まとめポータルサイト「給料BANK」に加筆し、再編集したものです。
※平均給料・給与は男女共通です。平均値の小数点以下は四捨五入してあります。
※各職業の資格情報やデータなどは2017年2月現在のものです。イラストはイメージです。
※各職業の1日およびレベルアップ例は代表的な一例ですので、その限りではありません。
※本書の掲載内容は変更される場合がございます。掲載情報による損失などの責任を給料BANKおよび（株）宝島社は一切負いかねますので、あらかじめご了承ください。

chapter 1

一般企業系職業

対話力　発想力　専門性　安定　外勤　内勤

受付職

「15時のお約束ですね。此処から先へは私を倒さねば進めません」

受付職
門番系ジョブ。組織全体を熟知しているため迅速な対応が可能。スキル「ファーストインプレッション」は企業の第一印象をよくするための接客技。玉の輿を狙うこともできるという噂もあるが定かではない。

●受付職とは
受付は、企業の受付で来客対応や案内を行い、担当者へ連絡をしたり、代表電話の取り次ぎを行ったりするのが仕事です。会社によってはロビーでのお茶出しなどの接客対応や、会議室の管理、送迎車の手配などを行うこともあります。座りっぱなしの仕事だと思われがちですが、働く職場によっては立ち仕事だったり、掃除や雑用を行うこともあります。アポなしの訪問者や、担当部署がわからない顧客に該当部署を取り次ぐ対応などをしなければならないため、自社の業務内容や部署もきちんと把握しておかなければなりません。

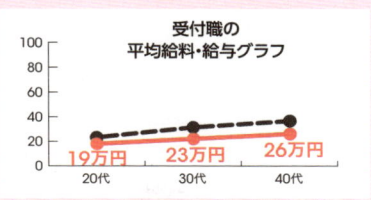

受付職の平均給料・給与	
22万円	
20代の給料：19万円	
30代の給料：23万円	
40代の給料：26万円	
初任給　　：16万円〜	

受付職の平均給料・給与グラフ

19万円　23万円　26万円

※給料の算出には求人や口コミ、厚生労働省の労働白書を参考にしております

●受付職の仕事の特徴・向いている性格

受付はいわば企業の顔。訪問者が最初に言葉を交わす社員である受付が、その企業のイメージを左右することになるため、外見はもちろんのこと、正しい言葉遣いや気配りのできる人が求められます。フレッシュなイメージを与えるために、若い女性が採用されることも多いです。しかし、若すぎても信用されないため、落ち着いた雰囲気の女性を採用している企業もあります。専門知識は特に必要ではなく、基本的なビジネスマナーを身につけておけば、誰でも仕事をすることができます。ただし、女性からは非常に人気のある職種なので、英会話ができるといったスキルがあったほうが有利となります。総合受付になると、秘書業務やホテルの接客業務などの経験者が、即戦力として優遇されることもあるようです。受付はノルマもなく、残業がないところも多いため、プライベートを大事にしたい人にも向いている職種といえます。

●受付職のキャリアモデル

受付職は、昇格やキャリアアップにつながる職種ではありません。規模の大きな会社であれば、受付チーム全体のリーダーとなる、ということもありますが、それ以上のステップアップはほとんどの場合望めません。最近では受付業務は外注しているというところも多く、派遣社員も増えています。しかし、経験に応じて多少時給がアップする程度で、特別なスキルが身につくというわけではありません。受付は若い女性が重用されるという点を踏まえても、長く続ける職種としては不向きです。一昔前までは結婚退職（寿退社）する人も多かったですが、現在は多くの女性が受付業務を行う傍ら、英会話を学んだり、パソコンのスキルを身につけたりして、30代以降

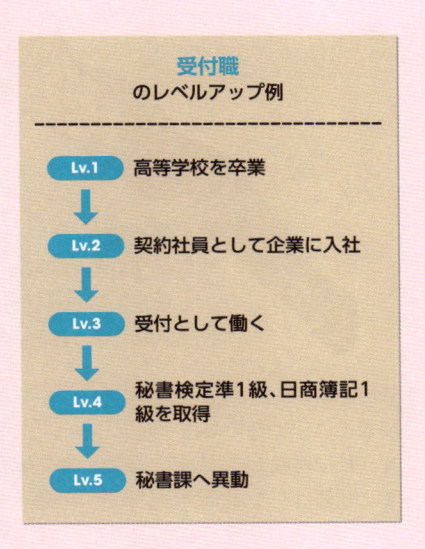

受付職
のレベルアップ例

Lv.1　高等学校を卒業

Lv.2　契約社員として企業に入社

Lv.3　受付として働く

Lv.4　秘書検定準1級、日商簿記1級を取得

Lv.5　秘書課へ異動

は事務職へと転職するようです。人と接するのが好きで得意な人は、営業職や秘書へと転職することもあります。

対話力 発想力 専門性 安定 外勤 内勤

秘書職

「失敗の責任は社長に。成功の功績は社員に」

秘書職
庶務管理を得意とする経営者の「補佐」。スキル「スケジュール管理」は一分一秒たりともズレを許さない徹底管理技。「潜在的小悪魔力」を持つ秘書もごくまれにおり、絶大なる権力を持つことも……。

●秘書職とは

秘書とは、上司の業務を補佐し、上司が本業の仕事に専念する環境を整えるのが仕事です。社長秘書、役員秘書、議員秘書、病院秘書、弁護士秘書など、いろいろな秘書がいます。秘書は、上司のスケジュール管理や調整、出張の際の宿泊先や交通の手配、電話・メールの対応や来客の接遇、文書や資料の作成やコピーなど、そのほか事務作業を担当します。上司の身の回りの雑務を引き受けることもあります。また、上司の急病や事故、突然の来客などのアクシデントにも対応し、業務が滞りなく進むよう手配も行います。

秘書職の平均給料・給与

26万円

20代の給料：22万円
30代の給料：25万円
40代の給料：31万円
初任給　　：18万円〜

秘書職の
平均給料・給与グラフ

22万円	25万円	31万円
20代	30代	40代

※給料の算出には求人や口コミ、厚生労働省の労働白書を参考にしております

●秘書職の活躍の場・向いている性格

秘書は企業の運営において、非常に重要な役割を占めています。おもな活躍の場は、大企業、外資系企業、官庁、研究所、大使館など多くの業種にわたり、あらゆる分野で秘書としての能力やスキルを活かすことができます。秘書として最も重要なのは、指示された仕事を確実にこなし、上司を補佐する、ということです。どんな事態にも冷静に対処し、的確な行動が取れる人が望ましいです。また、来客と接することも多いので、人当たりが柔らかく心配りができて、明るく社交性のある人も向いています。こうした点を見ても、女性には非常に向いている仕事であるといえます。秘書の仕事は、出張や勤務時間外の会議、接待なども多く、不規則になりがちです。子育て中は残業などが難しい場合もありますが、大企業ほどチームで秘書業務を行っていたり、フォローする仕組みがあるようです。

●秘書職に男女の年収差はあるの？

秘書は女性のオフィスワークというイメージが昔から強く、実際に現在でも女性秘書の割合が高いです。会社のイメージ戦略の一環として、秘書には若い女性を選ぶという傾向があり、また、女性のほうが几帳面で気配りなどの面で細かな対応ができる、という点も影響しているようです。議員秘書などは逆に男性のほうが多く、男性8割、女性2割となっています。これは、政治家になるためのステップとして、議員秘書になる男性が多いからです。秘書の平均年収は男性350万円、女性340万円といわれています。平均的にはやや男性のほうが高い傾向があり、女性は200万円未満の年収の人も多くいます。これは、女性秘書はパートやアルバイトなど非正規雇用の人

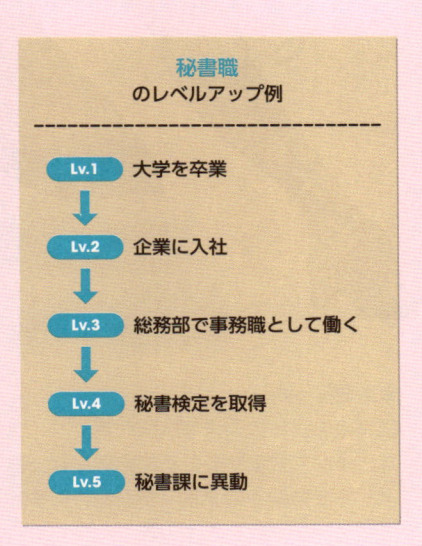

秘書職
のレベルアップ例
- -
Lv.1　大学を卒業
Lv.2　企業に入社
Lv.3　総務部で事務職として働く
Lv.4　秘書検定を取得
Lv.5　秘書課に異動

も多く、また、子育てなどで時短勤務を選択している人もいるためだと考えられます。同じ企業で働く正社員の秘書ならば、男女でほぼ年収差はないといってよいでしょう。

対話力 発想力 専門性 安定 外勤 内勤

営業職

「女の武器は涙じゃなくて
強く優しい心」

営業職
「不屈の女戦士」「支援の勇者」などの異名を持つ企業の花形職。企業の成り立ちはほぼ営業によって決まるといっても過言ではない。百人隊の長は「営業部長」と呼ばれ、屈強な戦士たちを統率する。

● 営業職とは

営業職の基本は、まず情報収集です。営業先のニーズや課題など、自社の商品やサービスについて提案するために必要になる情報を集めます。新規開拓するための営業であれば、まず電話でのアポイントを行います。そして、営業先に赴き、提案資料を元にして提案を行います。提案の際、見積もりも行います。また、提案の前に提案資料作りなどさまざまな仕事がありますが、これは営業事務が代理で作成することもあります。契約がとれたら商品の受注発注処理を自分で行うこともあります。

営業職の平均給料・給与

30万円

20代の給料：15万円
30代の給料：25万円
40代の給料：35万円
初任給　　：15万円〜

営業職の
平均給料・給与グラフ

15万円　25万円　35万円

※給料の算出には求人や口コミ、厚生労働省の労働白書を参考にして
おります

●営業職の仕事の面白さ・向いている性格

営業職の仕事の面白い点は、自分の営業成績が企業利益に反映されるという点です。自分の仕事の成果が売上という数字に表れるので、モチベーションのアップにもつながります。女性は男性よりも共感力が高いという調査があるため、営業職には向いているといえます。男性営業職はノルマを気にしてどれだけ数字を出せるかを競う傾向がありますが、共感力の高い女性営業職は「お客さまを助けたい」「役に立ちたい」という思いを抱きながら仕事をするため、顧客目線のニーズを汲み取った提案ができます。男性営業職に比べると押しが弱いというデメリットもありますが、女性ならではのきめ細かな心配りや勤勉性を備えているので、顧客との信頼関係を築くのに有利になることが多々あります。辛抱強く地道に丁寧な営業をする内面の強さが、女性営業職の武器となるのです。正社員のほか、派遣社員の求人も多い職種です。

●営業職のキャリアモデル

営業といっても、アポイントメントなしで営業を行う飛び込み営業や、すでに契約をしている顧客と継続的に取引を続けてもらうためにフォロー的に行うルート営業、店舗に来店したお客さまに商品の販売を行うカウンターセールスなどがあります。業種もさまざまで、一般的に、銀行や証券会社など金融系の営業は男性が多いといわれています。女性が多いのは、サービス系の営業職です。携帯電話などの通信会社や、広告会社、保険会社の営業は特に女性が多い傾向があります。金融系は全体の平均年収が500万〜 600万円、製薬会社の営業であるMRは700万円程度となります。女性の多いサービス系のカウンターセールスなどは年収がやや下がり、携帯電話

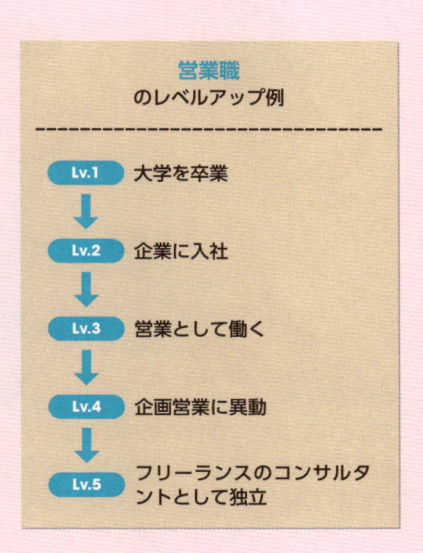

営業職
のレベルアップ例

Lv.1　大学を卒業

Lv.2　企業に入社

Lv.3　営業として働く

Lv.4　企画営業に異動

Lv.5　フリーランスのコンサルタントとして独立

の販売代理店で年収300万円前後といわれています。営業職はインセンティブがつくこともあり、企業や業種によって大きく年収は異なります。

対話力　発想力　専門性　安定　外勤　内勤

経理職

「世間は欺けても
私の目は誤魔化せない」

経理職
お金の流れを司る。スキル「財務諸表」で経営成績を報告するための
事務処理を行う。その能力は経営者に近く、税理士や会計士と連携す
るため折衝スキルも高い。資格取得で「会計士」にクラスチェンジ。

●経理職とは

経理とは、会社の運営に関わるお金を記録、管理するのが仕事となります。現金や預金、
小切手の管理、支払い、受取を行う「出納業務」や、会社の行った取引を記録する「会
計業務（簿記）」などがあります。月末には月次決算、年末には年次決算があります。従
業員の毎月の給与や社会保険料の計算、消費税や法人税の計算や納付なども行います。
会社の財務状況を見ることができるため、時には経営者にアドバイスをすることもあり
ます。規模の小さい会社であれば、総務や一般事務が経理を兼ねることもあります。

経理職の平均給料・給与
20万円
20代の給料：17万円
30代の給料：23万円
40代の給料：27万円
初任給　：10万円〜

経理職の
平均給料・給与グラフ

17万円　23万円　27万円

※給料の算出には求人や口コミ、厚生労働省の労働白書を参考にしております

●経理職の仕事の面白さ・向いている性格

経理の仕事は基本デスクワークで体力仕事ではないため、女性でも活躍できるチャンスがあります。むしろ正確さが求められる仕事のため、女性のほうが適性があるともいえます。日々帳簿と向き合う仕事であり、数字に強い人、細かな作業が得意な人が向いています。ルーティン作業も多いので、同じ作業でも飽きずに集中でき、与えられた仕事をいかに的確にこなせるかが重要となります。逆に、バリバリ仕事をして出世を目指す人や、リーダーシップを発揮したいといった人には、物足りなく感じるかもしれません。経理として働くには、WordやExcelといった基本的なPCスキルのほか、簿記を持っていることが就職には有利となります。日商簿記2〜3級を持っていることを条件としている求人も多いです。日商簿記については専門学校もありますし、2級までであれば独学でも合格が可能と言われています。会社によっては資格手当がつくこともあります。

●経理職のキャリアモデル

経理職のキャリアモデルは、会社の規模や業種によっても異なります。大手上場企業の場合、入社から3年間ほどは経理スタッフとして、日々の仕分け業務や、決算の補助業務などを行い、一通りの経理の仕事の流れを覚えます。スキルが身についてくると、経験3〜5年で主任になります。主任クラスになると、年次決算の実務作業ができるようになり、税務申告や財務諸表の作成なども行います。経理経験5〜10年で、経理課長となります。課長クラスになると、年次決算や財務諸表に関する実質的な責任を負います。資金調達や運用について事業計画を行うこともあります。経験10〜20年で、経理部長となります。企業の財務における統括責任者です。女

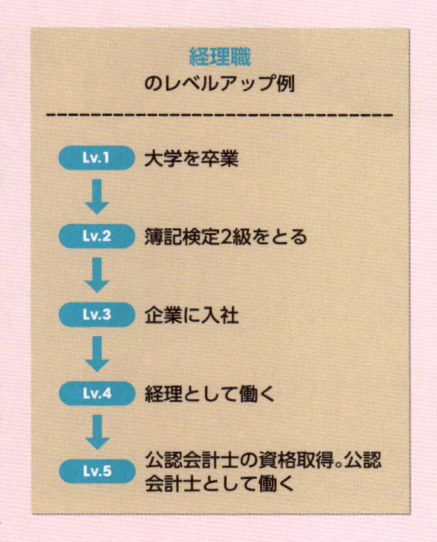

経理職
のレベルアップ例

- **Lv.1** 大学を卒業
- **Lv.2** 簿記検定2級をとる
- **Lv.3** 企業に入社
- **Lv.4** 経理として働く
- **Lv.5** 公認会計士の資格取得。公認会計士として働く

性は結婚、出産、子育てなどで職場を離れたとしても、一定のスキルさえあればすぐに復職することができるというのが、経理の魅力です。

対話力 発想力 専門性 安定 外勤 内勤

マーケティング職

「事業を一点に集約せよ！
時流はこちらに向いている」

マーケティング職

市場分析を得意とし、企業の方向性を決める要的（かなめ）ジョブ。市場動向、新商品の分析や企画助言を行うため、経営・企画部と密に動く。スキル「市場アンケート」は直接顧客から商品の感想などを聞き出す。

●マーケティング職とは

マーケティングとは、顧客が求めている商品やサービスなどを作って、その情報を顧客や世の中に届ける活動のことを指します。顧客がどのようなものを求めているのかリサーチをし、リサーチ結果を元に商品やサービスを企画提案する仕事であり、広くは広報までを指しています。マーケティング部では、まずは市場調査と分析を行い、ターゲットの嗜好や志向を探ります。競合他社や世界各国の情勢なども調査し、企画の方向性を決めます。そして、商品を企画し、広報、PR、販売促進活動を行います。

マーケティング職の1日

09:00	出社。メール・チームのスケジュールをチェック
11:00	新製品の試作品チェック
13:00	社内打ち合わせ
14:00	広告代理店などと商談
16:00	情報分析・資料作成
19:00	退社

●マーケティング職の仕事の面白さ・向いている性格

購買決定の8割を女性が握っているともいわれ、販売流通の世界では女性をターゲットとしたマーケティングが広く行われています。そのため、同性である女性がマーケティング職となるのは非常に理にかなっているといえます。欧米ではマーケティングを学んだ女性マーケターが次々と誕生し、外資系企業で活躍していますが、日本企業ではまだまだ女性のマーケターが少ないのが現状。しかし、日本でも近年マーケティングの重要性が認識されるようになり、女性マーケター養成講座なども開かれて注目されるようになってきました。マーケティングの仕事の魅力は、「人の心を動かす」こと。データを通してヒットの法則を見つけ、それに従って新商品を企画し、効果的なPRによって最終的に顧客の心を動かします。分析力はもちろんのこと、柔軟な発想ができる人が望まれます。また、人とのコミュニケーションが好きな人にも向いています。

●マーケティング職のキャリアモデル

マーケティング職の一般的なキャリアモデルとしては、20代の後半までに社内のマーケティング業務を一通り経験し、30代前半でブランドマネージャーとしてキャリアを積みます。ブランドマネージャーとは、ゼロから企画開発を行い、新たな商品を生み出す仕事を担当する役職です。30代後半にはマーケティングディレクターとなります。マーケティングディレクターは1つのブランドだけでなく、企業全体の利益を考えたマーケティングを行います。40代でマーケティング部のトップであるジェネラルマネージャー、そして最終的に企業のマーケティングの総括責任者であるCMO（最高マーケティング責任者）を目指します。日本ではCMOを置いていない企業もあり、女性CMOはまだまだ少ないですが、これから増えていくと予想されています。マーケティングは企業戦略に直結した役割を担うため、キャリアアップに伴い高収入となるようです。

●マーケティング職のメリット・デメリット

自分のアイディアが商品となり、世間に流通するのを見ることができるのは、何よりの喜びです。新たな商品を企画するには、その根拠となるデータが必要です。マーケターは社会や経済の動向・流行に常にアンテナを張り、膨大なデータを収集、分析します。そうした業務を通じて、マーケターは常に世界の最先端の情報に触れることができます。また、アイディアが商品になるまでには多くの職種の人たちと関わりコミュニケーションを取ることになります。多くの人と出会うことで、知識も深まり、さまざまな物の見方を学ぶこともできます。人としても成長できるというのがマーケティング職のメリットです。一方で、商品が売れないといった状況は、マーケターとしての資質を問われることになり、大きなプレッシャーになります。失敗も次に生かすメンタルの強さが時には必要です。

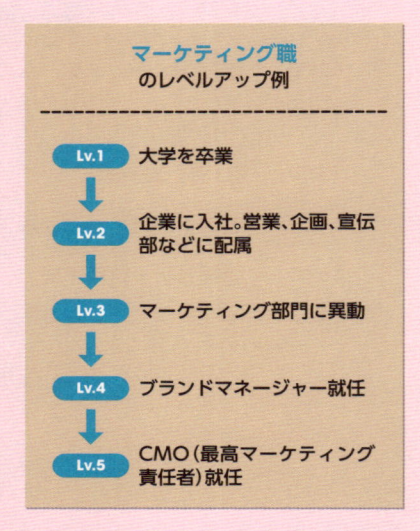

マーケティング職のレベルアップ例

- **Lv.1** 大学を卒業
- **Lv.2** 企業に入社。営業、企画、宣伝部などに配属
- **Lv.3** マーケティング部門に異動
- **Lv.4** ブランドマネージャー就任
- **Lv.5** CMO（最高マーケティング責任者）就任

●マーケティング職から転職するなら

マーケティング職につくには、特別な資格が必要なわけではありません。しかし、マーケティング理論や統計学、経済学などを学んでおくと就職に有利となります。また、マーケティング業務は集計することが多いので、ExcelやAccessの資格も推奨されています。最近では海外の情報などを取り入れたマーケティングも行われているので、語学力が求められることもあります。英語力とマーケティングやブランディングの実務経験があれば、国内企業から外資系メーカーに転職することも可能です。外資系企業で働く場合、TOEIC700点以上が目安となるようです。外資系企業は能力を重視するので、女性が働きやすく、出世の可能性も高いといわれています。また、マーケティングの専門知識は経営戦略にも役立てることができるので、経営コンサルタントとして転職することも可能です。

マーケティング職の平均給料・給与

40万円

- 20代の給料：30万円
- 30代の給料：40万円
- 40代の給料：50万円
- 初任給　　：14万円〜

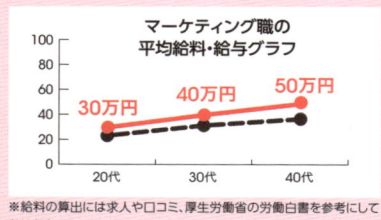

マーケティング職の平均給料・給与グラフ

30万円　40万円　50万円

※給料の算出には求人や口コミ、厚生労働省の労働白書を参考にしております

企業で勤める女性のメリット・デメリット

　昨今、結婚後も仕事を辞めることなくキャリアを重ね、働きながら出産・子育てという女性特有のライフプランを乗り切るべく奮闘する女性が増えています。実際、企業で働く場合と自営業で働く場合、どちらが女性のライフプランに適しているのでしょうか。メリット・デメリットを挙げて考えてみましょう。

　企業勤めの最大のメリットは、安定性です。固定給や残業手当、福利厚生などを含む月々の安定した給与は、先々への積立や住宅ローンを可能にしてくれます。また労働基準法に基づく、無理なく働くための環境づくりが保証され、産前産後休暇や育児休暇など、母親をサポートする優良な制度を受けることができます。育児休暇中に給料がもらえるのも大きなメリットでしょう。一方、デメリットには時間の拘束があります。子どもが小学校へ入るまでは保育園のお迎えがあるため、残業は難しいのが実情。子どもが熱を出せば欠勤する必要があり、日中に子どもが体調を崩して急遽保育園へお迎えに行くこともざら。子育てを理由に何度も欠勤や遅刻・早退をする母親の精神的負担は大きく、昇進に影響する場合も。職場にワーキングママが多いかどうかや、職場の保育制度、雰囲気にも大きく左右されるため、社風や制度も重要。祖父母のサポートがある場合は、こうした負担がかなり軽減されます。

　自宅勤務が可能な自営業の場合は、企業勤めとメリット・デメリットが逆転します。最大のメリットは、時間の自由度。先に挙げた残業や保育園問題にも難なく対応できます。子どもといる時間を多く持てるのも自営業でしょう。一方、デメリットは給与の不安定さや仕事ができない期間は給与が発生しないことなどが挙げられます。

　結局は、子どもをどういう風に育てていきたいか、どんなライフプランにしたいかによって適性は異なってきます。自分の理想の子育てや人生設計を考えながら、検討してみましょう。

対話力 発想力 専門性 安定 外勤 内勤

貿易事務職

「大海原へ船を出せ。世界はこの手の中に」

貿易事務職
貿易関連の事務に優れた特殊ジョブ。通関手配・通関書類作成など特殊文書を作成。「世界」を相手にするため、「英文作成」スキルは必須。国家資格を取得すれば「通関士」へクラスチェンジ可能。

●**貿易事務職とは**

貿易事務はコツコツ仕事をすることが好きな女性に人気が高い職業です。商社や、輸出入事業者などで、おもに輸出入手続きに必要な書類の作成、データ入力作業、スケジュールの調整や打ち合わせ、ファイリングと管理などを行います。そのほか、倉庫手配や船積みの手配、代金回収や税金納付などの作業にも関わります。海外企業とのスムーズな取引を行うため、専門知識を持った貿易事務の存在は欠かせません。語学力のほか、パソコンを使って作業をすることも多いため、デジタル関連のスキルも必要となります。

貿易事務職の平均給料・給与
26万円
20代の給料：24万円
30代の給料：27万円
40代の給料：29万円
初任給　　　：18万円

貿易事務職の平均給料・給与グラフ

24万円　27万円　29万円

※給料の算出には求人や口コミ、厚生労働省の労働白書を参考にしております

●貿易事務職の仕事の特徴・向いている性格

なんといっても貿易事務の仕事の魅力は、海外とのグローバルな仕事に携われる、という点です。時代は間接貿易から直接貿易へとシフトしつつあり、海外からの素材や部品の調達ルートが急速に拡大しています。水産や食品加工業、アパレルメーカー、海運貨物取扱業者、船舶、流通業、サービス業、商社と、幅広い業種で貿易事務が必要とされています。英語を筆頭に、フランス語、スペイン語、中国語を駆使できる人はかなり有利となります。また、海外との取引はトラブルも多発するため、臨機応変に対応できる冷静な人が求められます。男性よりも女性のほうが求人が多いのも、貿易事務の特徴です。一般事務の仕事をしていた女性が、外国語を勉強して貿易事務へと転職を果たしたり、学生時代に学んだ外国語を活かしたいと、結婚や出産後に貿易事務として再就職をしたりする女性もいます。

●貿易事務職のキャリアモデル

商社など大手企業では、貿易事務部門は派遣社員に委託しているというところも増えています。しかし、中堅企業では貿易事務は専門性の高い職業と位置づけており、能力の高い人材を確保するため、正社員にこだわって採用しているところもあります。派遣社員から始めて、正社員登用を目指すという方法もあります。時給は他業種よりも200〜300円は高く設定されていることが多く、正社員では年収は500万円〜となり、一般事務職よりも200万円近く高くなります。語学力のある人はスキルを活かすチャンスです。通関士や民間の貿易事務関連の資格などもステップアップには役に立ちますが、この業界では実務経験がものを言います。結婚、出産、子育てなどでブランクがあっても経験があれば再就職先はあります。時短勤務や派遣社員として再スタートすることも可能です。

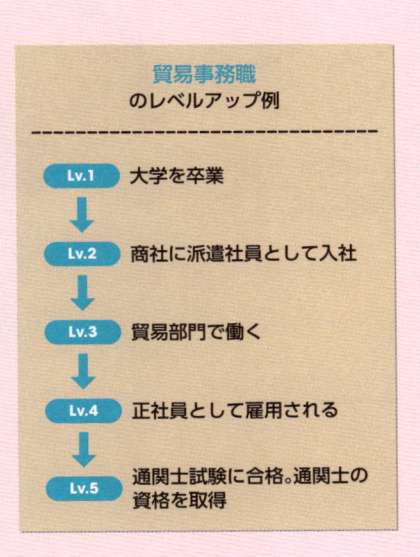

貿易事務職
のレベルアップ例

Lv.1　大学を卒業

Lv.2　商社に派遣社員として入社

Lv.3　貿易部門で働く

Lv.4　正社員として雇用される

Lv.5　通関士試験に合格。通関士の資格を取得

対話力 発想力 専門性 安定 外勤 内勤

一般事務職

「陰日向になり
あなたのお役に立つのが使命」

MR. IN…
19,800

一般事務職

企業を裏から守るカンパニーガーディアン。スキル「簿記1級」はSクラスの難易度を誇るスキルで、取得した事務職は会計士にも匹敵する力を持つといわれる。

●一般事務職とは

一般事務は、ファイリング業務や来客対応、電話対応、物品発注、会議資料の作成や福利厚生関連の業務を担当するのが仕事です。それぞれの企業によって担当している内容が違うため、一概に定義することは難しいですが、デスクワークが中心となります。規模の小さい会社であれば、一般事務が経理や人事関係の仕事を兼ねるということもあります。部署によっては海外とのやり取りのために英語が必要だったり、専門分野を扱ったりすることもあります。おもに女性が多く活躍している職業です。

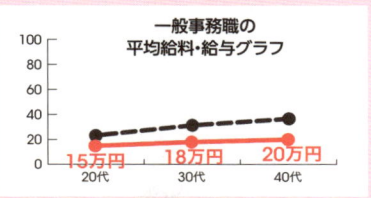

一般事務職の平均給料・給与		
18万円		
20代の給料：15万円		
30代の給料：18万円		
40代の給料：20万円		
初任給　：10万円〜		

一般事務職の
平均給料・給与グラフ

15万円　18万円　20万円

20代　30代　40代

※給料の算出には求人や口コミ、厚生労働省の労働白書を参考にしております

●一般事務職の仕事に求められること

デスクワークの一般事務は、年齢や体力が関係なく、結婚や出産後も長く働くことができると、女性からは非常に人気の高い職業となっています。そのため、求人が出ると応募が殺到するといいます。一般事務はパソコンに向かってルーチンワークをこなすだけの仕事と思われがちですが、実は企業を縁の下から支える重要な役割を担っています。社員みんなが気持ち良く働けるよう、事務職はコミュニケーションスキルを駆使し、人間関係の潤滑油とならなければなりません。また、能率よくスピーディーに仕事をこなしながらも、他部署に渡す書類にはわかりやすい注釈をつけたり、資料を添付したりといった心配りができる事務員は重宝されます。「誰でもできる、代わりのきく一般事務」ではなく、「この人に仕事を頼みたい」と思われる事務員を目指すことで、他人との差をつけることができます。

●一般事務職のキャリアモデル

一般事務は特別な資格は必要ないため、WordやExcelなどの基本的なPCのスキルとビジネスマナーさえ持っていれば、誰でも働くことができます。事務職の採用年齢の上限は高く、求人も多くあります。ただし、新卒ではなく中途採用の場合、ほとんどがアルバイトかパート、派遣社員での募集となります。正社員での募集は専門的な実務経験が求められることもあり、狭き門です。中小企業に多い直接雇用のパート事務は派遣事務よりも時給が安く、雇用期間も不安定です。扶養範囲内で働く主婦には向いているといえます。一般事務としてキャリアアップを望む場合は、簿記を取得して経理の仕事もできるようにしたり、労務や法務に関する専門知識を

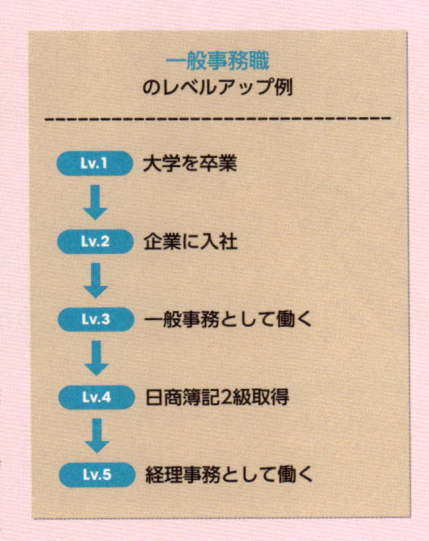

一般事務職
のレベルアップ例

Lv.1　大学を卒業

Lv.2　企業に入社

Lv.3　一般事務として働く

Lv.4　日商簿記2級取得

Lv.5　経理事務として働く

学んで身につけたり、パソコン関係の資格を取ったりと、プラスアルファの能力をアピールしていくことが重要で、転職にも有利となります。

対話力　発想力　専門性　安定　外勤　内勤

広報職

「華やかな白鳥も、水面下では必死に足を動かしているのよ」

広報職

魔法「プレスリリース」、兵器「社内砲（報）」を駆使し、企業ブランドの認知度や兵士の士気を高める。「キラキラ光砲（広報）」というキラキラ女子を主体とした兵器を独自開発した企業もあるとか。

●広報職とは

広報職とは、商品やブランド、企業自身のイメージを対外的にPRする仕事です。具体的には、雑誌やウェブサイトなどの媒体広告やカタログの作成、雑誌掲載やテレビ番組に向けた商品選定や貸し出し、マスコミへの対応など。ファッション系であれば、スタイリストとの折衝、ファッションショーやイベントの企画運営など、業務は多岐にわたります。時にはプレスが顔出しで雑誌やテレビに登場し、自社のブランドをPRすることもあります。人気のプレスは取材やタイアップ記事が組まれることもあります。

広報職の1日

09:00	出社。メールをチェック
10:00	部内会議：それぞれの進捗状況を共有
13:00	マスコミなどからの問い合わせに対応
14:00	イベント打ち合わせ：企業を代表する立場で参加
17:00	プレスリリースなどの資料作成
19:00	レセプションパーティーへ

●広報職になるには

広報職になるための資格は、特に必要ではありません。商品知識などを身につけて、企業に就職するのが近道となります。ジャンルを問わない商品知識を学ぶほか、専門学校、短大、大学などでマーケティングを専攻しても役立ちます。数は少ないですが、アパレル業界の広報（プレス）には養成に特化した学校もあります。プレスは女性の多いアパレル業界の中でもかなりの人気職となっています。基本的に1ブランドにつき1人のプレスとなっているので、欠員が出ない限り希望のブランドのプレスになることは難しいです。インターンシップやアシスタントから始めて、経験をアピールしていく人もいます。中には販売員やバイヤーをへてからプレスになる人や、他業種の広報から転職する人もいます。大手メーカーへの就職のほか、フリーランスで活躍するデザイナーの専属プレスとして働くという道もあります。

●広報職の仕事の面白さ・向いている性格

広報職はマスコミに登場したりすることもあり、華やかな仕事というイメージがありますが、実際は表舞台に登場するのは業務の2％ほどで、残り98％は裏方の地味な仕事という意見もあります。自社製品の知識はもちろんのこと、ブランドのコンセプトや、業界全体の流行なども押さえて、PRのタイミングを図る必要もあります。イメージと売上をアップさせるために、メディアとの良好な関係を築いていくことも広報職に求められる役割です。雑誌やテレビ局などの担当者とコネクションを持ち、他のメーカーとのタイアップを企画するなど、積極的に関わっていく姿勢が他社から一歩リードする秘訣です。自分が関わった仕事や商品が世間から認知されるのは、非常にやりがいがあるといいます。その業界や自社商品が好きだというのは基本で、社会や文化にも興味があること、そして人とコミュニケーションを取るのが得意な女性に向いている職業です。

●広報職のキャリアモデル

大手メーカーに就職した場合でも、希望のブランドの広報職につけるとは限りません。専門学校や大学を卒業後、新卒としてメーカーに就職し、広報部に配属されるか、営業や販売などを経験した後、広報部へと異動します。希望のブランドの広報を担当するには、欠員を待つか、ブランド立ち上げのタイミングを狙って立候補します。そのタイミングが来るまで、いかにこれまで自分が売上の結果を出してきたか、効果的な販促を行ってきたか、というアピールをすることも重要となります。海外向けのPRもできるよう、英会話を習得するのもプラスとなります。広報の実務経験を積み、人脈を培い、いつでも即戦力として仕事ができることが望まれます。会社によって違いはありますが、広報職として実力が認められれば、30 〜 40代でマネージャーなど管理職に昇格しステップアップしていきます。

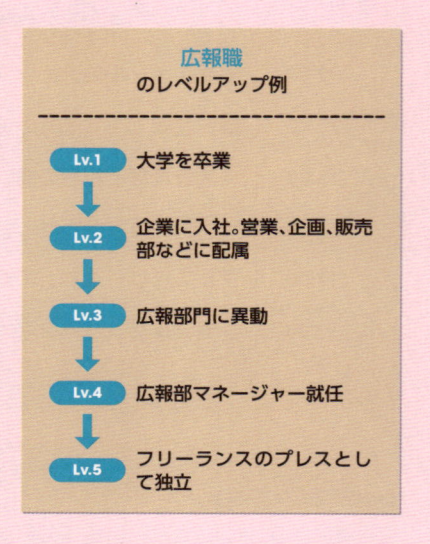

広報職のレベルアップ例

- **Lv.1** 大学を卒業
- **Lv.2** 企業に入社。営業、企画、販売部などに配属
- **Lv.3** 広報部門に異動
- **Lv.4** 広報部マネージャー就任
- **Lv.5** フリーランスのプレスとして独立

●広報職から転職するなら

最近では、従来の雑誌広告やタイアップなどのほかに、店舗・ECサイト・SNSなどを組み合わせてPRをしていく「クロスメディア戦略」が取り入れられるようになってきました。デジタルマーケティングに明るい人材が今後はより求められるようになると予想されます。同業他社に広報として転職するなら、デジタルマーケティングの知識と経験、そしてそれらを用いた業績をアピールするとよいでしょう。また、有名雑誌の編集者などに人脈があることも有利となります。広報としてある程度の実務経験があれば、他業種の広報や、マーケティング・企画部に転職できる可能性もあります。しかし年齢が上がるにつれて他業種への転職は難しくなるため、必要なスキルやタイミングを見極める必要があります。

広報職の平均給料・給与

30万円

- 20代の給料：25万円
- 30代の給料：30万円
- 40代の給料：35万円
- 初任給　　：15万円〜

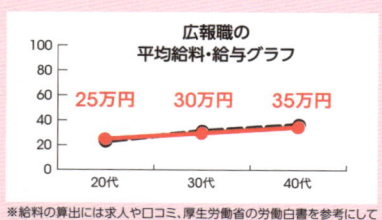

広報職の平均給料・給与グラフ

25万円　　30万円　　35万円

※給料の算出には求人や口コミ、厚生労働省の労働白書を参考にしております

chapter 2

IT・理系職業

研究者

「さあ我が元に再び集え！
いでよSTAP細胞！」

研究者
プルーフ（資格）「博士号」を取得した研究者。将来、教授や准教授へのクラスチェンジが可能。装備「ピペット」は、少量の液体を吸い取ったり、移動したり、計量したりと研究には欠かせない魔道具である。

●研究者とは

研究所に勤務する研究者は、自然科学や人文科学、社会科学などの各領域から細分化された専門の分野において研究を行います。研究結果は論文にまとめ、学会などで発表します。研究所とは、特定の分野の研究や開発を行ったり、試験や鑑定、分析などを行う施設や組織を指します。国営、独立行政法人、株式会社など、業態はさまざまです。純粋に学問研究を行っているところもあれば、新商品の開発を行ったり、薬物犯罪などの鑑定をしたりする施設もあります。研究所には技術スタッフや、事務員なども勤務しています。

研究者の平均給料・給与
22万円
20代の給料：20万円
30代の給料：25万円
40代の給料：28万円
初任給　　　：18万円

研究者の 平均給料・給与グラフ

20万円　25万円　28万円

※給料の算出には求人や口コミ、厚生労働省の労働白書を参考にしております

●研究者の仕事の魅力・向いている性格

研究者の仕事の魅力は、好きな研究に打ち込めるという点はもちろんのこと、よほどのことがない限り失職することもなく、安定した給料がもらえるという点にあります。有名な理化学研究所では平均年収が900万円超えで、男女差はありません。民間で有名な野村総合研究所は平均年収1100万円ともいわれています。年収が低めの研究所でも年収400万〜600万円となっており、女性としてはやや高めの給与水準となっています。年俸制を採用しているところもあり、一定の成果さえ出せば働き方が自由なところもあります。しかし、なかには残業が多く、徹夜で実験をするような労働環境のところもあるようです。女性研究者は育児休暇の取得率が低めというアンケート結果もありました。研究熱心で真面目なことは業務上必要ですが、プライベートとのバランスをうまく調整できる女性が、研究所に勤めるには向いています。

●研究者のキャリアモデル

研究所の職員は、就職するといきなり研究員としてスタートを切れる場合もありますが、技術見習いスタッフとしてアシスタントからスタートする場合もあります。キャリアモデルとしては、研究員→主任研究員→室長→部長→副所長→所長という階層形式が一般的です。ただし、文科省管轄の大学の研究所は、大学のゼミのように教授、准教授、助教、学生などにより構成されています。多くの研究所で女性の登用が進められていますが、いまだに研究業界では圧倒的に男性の管理職が多いようです。有名な研究所や国立大学の研究所では、所内に保育所を設置したり、正社員待遇で週4日勤務もできたりと、子育て中の女性職員にとって働きやすい環境が整えられ

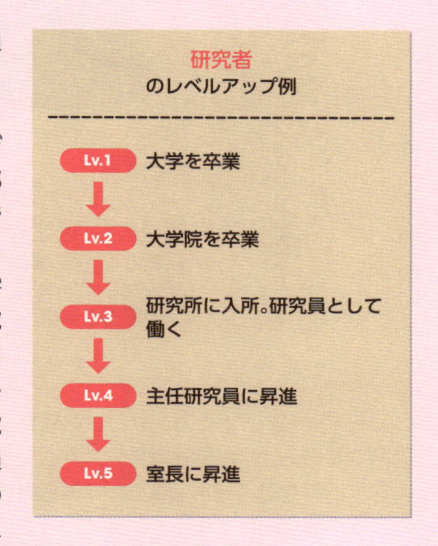

研究者のレベルアップ例

Lv.1　大学を卒業

Lv.2　大学院を卒業

Lv.3　研究所に入所。研究員として働く

Lv.4　主任研究員に昇進

Lv.5　室長に昇進

つつあります。とはいえ、子どもをもちながら研究者として仕事を続けるには、パートナーの理解や実家の親のサポートも重要です。

対話力　発想力　専門性　安定　外勤　内勤

ITコーディネーター

「選ばれしITの騎士たちよ。聖剣ロジカルシンキングに忠誠を誓い経営者を助けよ！」

ITコーディネーター

経営者とITをつなぐコンサルタント。SEや中小企業診断士、プログラマーがこのジョブにクラスチェンジすることがある。現在このプルーフの取得者は6000名以上おり、「IT騎士団」の俗名を持つ。

●ITコーディネーターとは

ITコーディネーターとは、ITと企業経営、両方の知識をもった専門家です。クラウドの利用や、ERP（統合基幹業務システム）、SaaS（ネットワーク経由でソフトを利用するシステム）など、経営に役立つITの活用法を経営者に助言、指導をしたり、実際に現場でIT化支援サービスを行ったりするのが仕事です。ITに特化した経営コンサルタントともいえます。製造業、小売業、サービス業をはじめ自治体、病院、学校、農業法人など、多くの業種でITコーディネーターは活躍しています。

●ITコーディネーターになるには？

ITコーディネーターは、経済産業省推奨の民間資格です。2001年に誕生したばかりの資格で、有資格者は約6500人（2016年現在）です。誰でも受験することができます。合格率は50％前後で、合格後に「ケース研修」を受講・修了する必要があります。公認会計士や税理士、中小企業診断士などの有資格者は、「専門スキル特別認定試験」に合格してITコーディネーター資格を得ることもできます。名称独占資格ではないため、誰でもITコーディネーターと同じ仕事をすることはできますが、ITコーディネーターという名前は商標権に関わる可能性があります。女性の比率は約5％とまだまだ低いのが現状です。しかし、飲食店や商店などがクライアントの場合、女性目線からのアドバイスを求められることもあり、経営者も物腰の柔らかい女性相手のほうが本音を語りやすいなど、女性がITコーディネーターとして働くメリットはたくさんあります。

●ITコーディネーターのキャリアモデル

ITコーディネーター協会の調査によると、ITコーディネーターのうち、企業に所属している人が77％で、残り23％が独立系です。所属企業は、経営コンサルタント会社や、情報機器やソフトウェア、システムなどを販売するITベンダーが多数となっています。独立して「ITコーディネーター」の肩書のみでやっていくのは厳しいという話もあります。多くの独立系ITコーディネーターがPMP（プロジェクトマネジメント資格）のほか、税理士や中小企業診断士など他の資格との併用で仕事をしています。企業と直接契約した場合、小さいプロジェクトで100万円程度、大きなものになると1000万円以上での仕事となります。顧問契約をした場合、ITコーディネーターの関与度（指導時間）により違いますが月額5万〜20万円程度が多いようです。人脈次第で女性でも多くの仕事を獲得し、高年収を得ることができます。

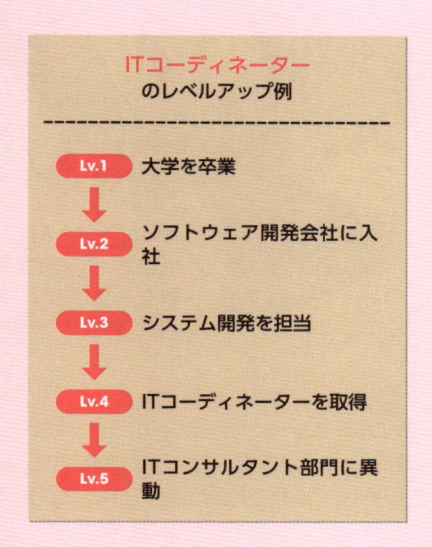

ITコーディネーターのレベルアップ例

- **Lv.1** 大学を卒業
- **Lv.2** ソフトウェア開発会社に入社
- **Lv.3** システム開発を担当
- **Lv.4** ITコーディネーターを取得
- **Lv.5** ITコンサルタント部門に異動

対話力　発想力　専門性　安定　外勤　内勤

WEBアナリスト

「数字の向こう側を見透かし、戦略を伝授する」

WEBアナリスト
WEBサイト専門の分析士。トレンドや市場動向、マーケティング情報を駆使する姿から、別名「WEB軍師」と呼ばれる。解析神器「Google Analytics」は、解析能力に＋補正がかかる。

●WEBアナリストとは

WEBアナリストは、WEBから得られるあらゆるデータを収集してアクセス解析や市場動向、トレンドなど、さまざまなマーケティング情報を分析し、事業の課題を見つけて報告したり、業績向上のためのアドバイスをしたりする仕事です。現在、日本国内ではWEBのアクセス解析のみにとどまっている傾向が強いですが、アメリカではアンケートの分析やWEBのアクティビティー評価,、オンラインマーケティングの解析と最適化などさまざまな仕事をこなしています。今後、日本でもますます需要が増えていくと考えられます。

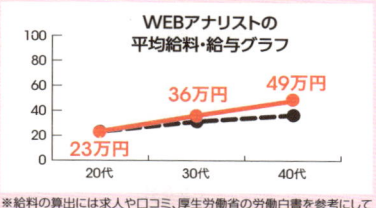

WEBアナリストの平均給料・給与	
36万円	
20代の給料：23万円	
30代の給料：36万円	
40代の給料：49万円	
初任給　　：15万円〜	

WEBアナリストの平均給料・給与グラフ

23万円　36万円　49万円

※給料の算出には求人や口コミ、厚生労働省の労働白書を参考にしております

●WEBアナリストの仕事の特徴・向いている性格

大手インターネット広告代理店やWEBコンサルティング会社では、専属WEBアナリストの募集をするようになってきました。しかし、WEBアナリストの需要は高まっているのにもかかわらず、専門的なスキルを持った人材が不足しているのが現状です。統計学などの高度な解析技術と、マーケティングの専門知識を兼ね備えた人材が求められています。また、コミュニケーション力も必要となります。平均サイト滞在時間や検索キーワード、閲覧者の傾向を分析し、レポートを提出するだけでなく、そこからさらに踏み込んだ施策を提案し、顧客の売上に貢献できるWEBアナリストはまだ少ないといいます。それができるトップWEBアナリストは、大手企業からも引っ張りだことなっています。最近ではITベンチャーでも有能な女性WEBアナリストを獲得するため、育児休暇や福利厚生に配慮しているところも増えています。

●WEBアナリストのキャリアモデル

WEBマーケティング専門の会社も日本では非常に少ないため、WEBアナリストとしてキャリアをスタートさせるには、実践で学んでノウハウを身につけていくしかありません。制作会社や代理店では、未経験者をWEBアナリスト候補として採用するケースもありますが、一人前のWEBアナリストとして育てるには時間がかかるので、年齢は若いほうが有利なようです。解析設計などの技術やスキルが役に立つことがあるためエンジニアからキャリアチェンジする人もいますし、WEBデザイナーやWEBディレクターが企画、制作、管理の経験を活かしてWEBアナリストとして再スタートすることもあります。フリーランスとして活動している人もいれば、年俸制で400万〜800万円を提示している企業もあります。

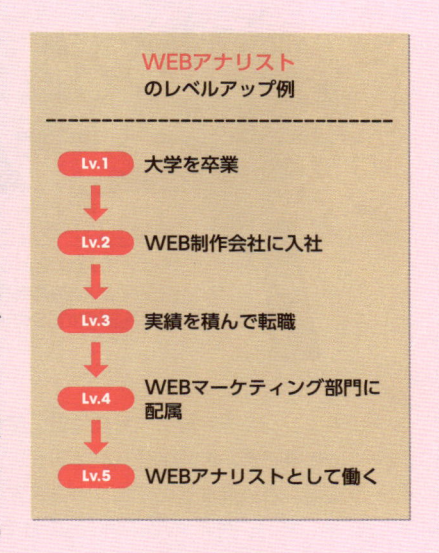

WEBアナリスト
のレベルアップ例

Lv.1	大学を卒業
Lv.2	WEB制作会社に入社
Lv.3	実績を積んで転職
Lv.4	WEBマーケティング部門に配属
Lv.5	WEBアナリストとして働く

能力さえあれば男女関係なく評価される職業で、今後ますます求人が増えると予想されます。

対話力 | 発想力 | 専門性 | 安定 | 外勤 | 内勤

WEBプログラマー

「ソースコードはアート。すべてが揃った時、美しい音楽を奏でる」

WEBプログラマー
サイトのバックエンドを担う重装女騎士（ヘビーナイト）。サイト防衛やシステム構築を得意とする。前衛のWEBデザイナーと連携しながら、指揮官のSEやWEBディレクターのサポートも行う後衛の要。

●WEBプログラマーとは

システムエンジニアが設計した仕様書に基づいて、プログラムを作成するのがWEBプログラマーの仕事です。銀行などのオンラインシステムの構築や、管理システムの作成、ネットワーク機器など通信関連のプログラム、家電製品の内蔵基盤、WEBページの作成、動的スクリプト、アプリ開発、WordPressのカスタマイズなど、仕事は多岐にわたります。近年ではアプリ開発とWEB向け、どちらかに偏向する風潮があります。最近流行しているブログサービス、キュレーションなどのシステム開発をするのもWEBプログラマーの仕事です。

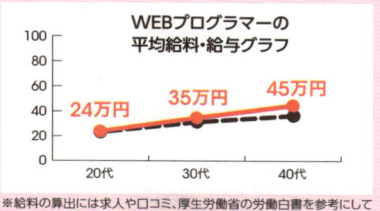

WEBプログラマーの平均給料・給与

34万円

20代の給料：24万円
30代の給料：35万円
40代の給料：45万円
初任給　　：20万円〜

WEBプログラマーの
平均給料・給与グラフ

24万円　35万円　45万円

※給料の算出には求人や口コミ、厚生労働省の労働白書を参考にしております

●WEBプログラマーの仕事の面白さ・向いている性格

WEBプログラマーは、コンピューターメーカーやソフト開発企業、銀行、証券会社、一般企業の情報処理関連部門や開発部門などで活躍しています。コンピューターがプログラム通りに作動するか何度もテストを行って修正を加えていく作業となるため、忍耐強く、集中力が要求されます。細かな作業を得意とする女性には向いている職業です。業界全体では、プログラマーの2割〜3割が女性だといわれています。脳の構造的に、男性は理論的に考え、女性は感情的に物事を考える傾向があるといわれていますが、それがプログラマーとしての能力に差をつけることはありません。強いて言えば、女性のほうが協調性の高い人が多いので、チームワークで仕事をするには向いているといえます。何か問題が起きた時に個人プレーではなくチーム全体で問題解決に向かうことができる可能性が高いです。

●WEBプログラマーのキャリアモデル

年齢的な体力の衰えや記憶力の低下などにより、WEBプログラマーとして定年まで働くのは難しいという噂もありますが、労働環境は改善傾向にあり、長期的に働くことも可能です。システムエンジニアとしてシステム全体を把握し、プロジェクトマネージャーとして開発全体を統括するなど、キャリアアップを図ることもできます。プログラマーは人材不足なので、技術さえあれば、職には困ることはありません。スキルによっては年収800万〜1000万円と、給料が高額になるといいます。また、比較的働き方を自由に選べるのもWEBプログラマーの良さです。アルバイトや契約社員、派遣社員として登録することにより、希望の時間や短期間だけ働くことも可能

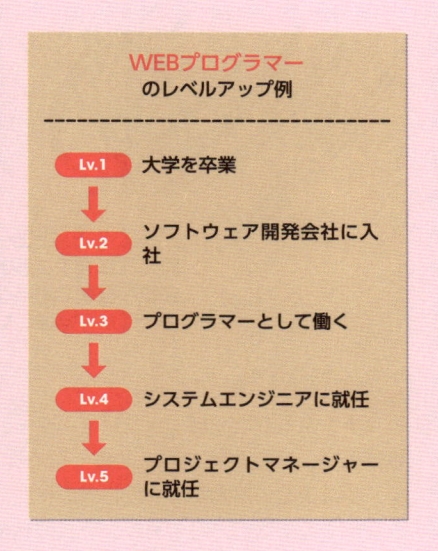

WEBプログラマー
のレベルアップ例

- Lv.1　大学を卒業
- Lv.2　ソフトウェア開発会社に入社
- Lv.3　プログラマーとして働く
- Lv.4　システムエンジニアに就任
- Lv.5　プロジェクトマネージャーに就任

です。機材さえあれば在宅でも仕事をすることもできるため、正社員であっても在宅ワークが認められていることもあります。

対話力 発想力 専門性 安定 外勤 内勤

システムエンジニア

「モノづくりの極意は
仕様書にあり。
納期と戦いバグを殲滅（せんめつ）せよ！」

システムエンジニア
開発仕様書や工程表を作ったり、システム要件を聞き出すIT指揮官。
多忙な部署であるため、連夜の徹夜作業（デスマーチ）が時々発生。死
の行進から帰還したIT騎士は「不死のブラックナイト」と呼ばれる。

●システムエンジニアとは
システムエンジニアは、コンピューターシステムやソフトウェア設計に関わる総合的な
技術者で、プロジェクトの中核となる業務を行います。具体的には、ユーザーとの折
衝、システムの基本設計や仕様書の作成、予算やスケジュールの管理、プログラマーへ
の指示や監督など、幅広くシステム開発全体に関わります。日本では、仕様書作成、プ
ログラムもできるというイメージが強いかもしれませんが、国際的には、システム工学
の技術者と位置づけられています。

システムエンジニアの1日

9:00	出社。ラジオ体操
9:30	進捗の確認のため、打ち合わせ
11:00	午後からの作業のための準備
13:00	作業のため、部門打ち合わせ
16:00	ドキュメント作成
19:00	退社

●システムエンジニアの仕事の面白さ・向いている性格

システムエンジニアは、システムやソフトウェア開発会社、一般企業の情報処理部門などで活躍しています。大きなシステムを稼働させることができ、生産性がアップしたり、エンドユーザーが喜ぶ結果を出すことができたときは、非常に達成感があるといいます。また、ルーチンワークではなくクリエイティブな仕事でもあるという点にもやりがいを感じている人が多いようです。納期前には激務となることもありますが、技術を究めることもでき、マネジメント能力を伸ばすこともできるなど、経験を積めば積むほど成長できるのも魅力です。仕事に没頭しすぎて婚期を逃してしまう女性もいるそうですが、残業、深夜作業、出張なども男性と同等にこなすことでキャリアアップし、社会的評価を得ている人もいます。家庭を持つ場合は、多忙な業種のため夫の理解や家族の協力が必要となります。

●システムエンジニアの年収

システムエンジニアは個人でかなり給料に差があるといわれています。これは残業が多いことや、能力給に差があるためです。厚生労働省が毎年発表している「賃金構造基本統計調査」によると、平成27年度のシステムエンジニアの平均年収は592万円となっています。男女別の平均年収は、男性611万円、女性494万円です。女性が男性より年収が100万円以上低いのは、残業時間が少ないことや、子育て中で時短勤務を選択している人がいること、派遣社員として働いているため賞与（ボーナス）がない人も多いことなどが影響していると思われます。外資系、コンサル系、メーカー系企業は年収が高めといわれており、大企業では給与ベースが高いため、年収800万円以上になるところもあるようです。中には年収1000万円以上を稼ぐ人もおり、能力次第で女性も高給を狙える職業だといえます。

●システムエンジニアのキャリアモデル

システムエンジニアは、SE（システムエンジニア）→PL（プロジェクトリーダー）→PM（プロジェクトマネージャー）とキャリアアップしていくのが一般的です。PLはそのプロジェクトのリーダーで、課長や係長クラスが担当します。PMは部長クラスの決裁権を持つ管理職で、複数のプロジェクトの統括責任者となります。PLやPMとなるには、技術力に加え、高水準のマネジメント能力や営業力も求められます。こうしたスキルは短期的に身につくものではないので、出世を望むなら長期スパンで努力をする必要があります。そのため、結婚や妊娠、出産などで離職する確率の高い女性よりも、男性のほうが出世しやすい傾向があるようです。ベンチャーを中心

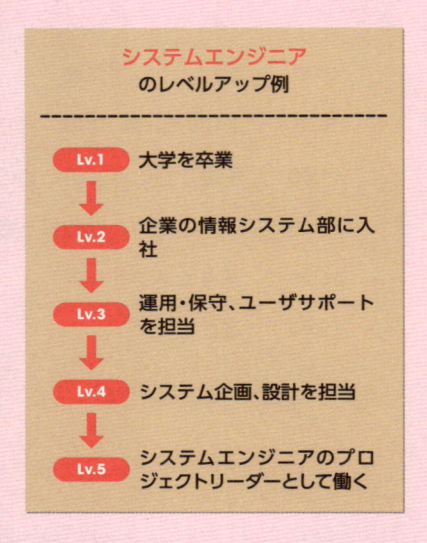

システムエンジニアのレベルアップ例

Lv.1	大学を卒業
Lv.2	企業の情報システム部に入社
Lv.3	運用・保守、ユーザサポートを担当
Lv.4	システム企画、設計を担当
Lv.5	システムエンジニアのプロジェクトリーダーとして働く

に完全実力主義で男女の差なく人事を行う企業も増えていますが、その分仕事は甘くなく、深夜残業などもあるようです。

●システムエンジニアから転職するなら

最近ではITの複雑化により、キャリアパスも多様化しつつあります。従来のようにシステムエンジニアからプロジェクトマネージャーを目指すだけでなく、高度な知識やスキルを身につけて専門性を高め、システム設計のプロフェッショナルである「ITアーキテクト」や、特定の技術分野におけるハイレベルの知識や経験を持つ「スペシャリストSE」となる人も増えてきています。また、マーケティングや経営などを学び、「ITコンサルタント」として活躍するシステムエンジニアもいます。システムエンジニアは、独立してフリーランスで働くことも可能です。フリーランスでも継続的に契約を取り仕事をすることができれば、年収600万〜1000万円になるといわれています。在宅で仕事ができるなど働き方の選択肢も多く、プライベートや家庭を優先したい女性にとって大きな魅力となっています。

システムエンジニアの平均給料・給与

41万円

- 20代の給料：30万円
- 30代の給料：45万円
- 40代の給料：49万円
- 初任給　　：20万円〜

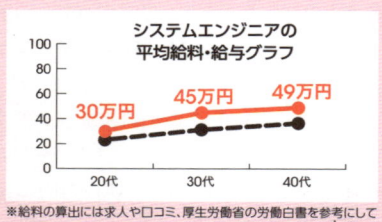

システムエンジニアの平均給料・給与グラフ

30万円　45万円　49万円

※給料の算出には求人や口コミ、厚生労働省の労働白書を参考にしております

リケジョの働き方

　理系女子、通称"リケジョ"。大学で、化学や医学、工学など理系の学問を専攻する女性のことです。昨今、こうした理系女子たちの社会での活躍が注目されるようになり、リケジョという言葉が生まれました。リケジョ躍進の背景には、少子化や女性の社会進出により、「理系仕事は男性のもの」というこれまでの概念が少しずつ変化していることが挙げられます。日本政府が平成11年に『男女共同参画社会基本法』という女性研究者を支援する取り組みを掲げたことも影響しているようです。では、"リケジョ"たちは、具体的にどのような場所で活躍しているのでしょうか。

　まず理系の代表的な職種に、博士研究員、通称"ポスドク"が挙げられます。大学卒業後、大学院で博士号を取得し、企業の博士研究員として働きます。化粧品会社で新素材の開発や、製薬会社での新薬開発、メーカーでの技術開発など、その活躍は多岐にわたりますが、長らく女性進出が難しい職業でした。また、情報工学専門の人材が就くIT業界ではプログラマーやシステムエンジニア、WEBデザイナーなど。医療系では、医師や歯科医師、薬剤師などがあり、これらはともに女性進出が進んでいる分野です。

　理系の学部で専門分野の研究を重ねた人材は、就職に有利であり、そうした専門知識を活かした理系の職業は文系の職業より、給与が高い傾向にあるようです。また、経験を積んでさらに専門性を高めれば、より高いステップアップを望むことができるでしょう。

　理系の世界では、男性優位の概念や出産・育児が研究の妨げになるという理由から、女性への門戸が閉ざされてきた問題なども根強くありますが、現在活躍するリケジョたちの多くが両立のため頑張っています。門戸は開かれたばかりですが、今後、より多くのリケジョたちが、意欲的に科学の分野を切り開いていくことが期待されています。

対話力 発想力 専門性 安定 外勤 内勤

WEBデザイナー

「最先端のクリエイティブにおける生存戦略は、多様な武器を入手すること」

WEBデザイナー
インターネットにおける前衛の要でサイトのデザインやコーディングを行う。時代により移り変わるデザインを作り出す「芸術騎士(アートナイト)」。クラスチェンジはWEBディレクター、プログラマーへ。

●WEBデザイナーとは

WEBデザイナーはWEBサイト（ホームページ）のデザインをするのが仕事です。実際はホームページやサイト構築、HTMLの知識、画像編集、リッチコンテンツのコーディングなど、総合的なWEBサイト運営にまで関わることが多いです。単にホームページを作成・デザインするだけでなく、会社やショップなどホームページ制作を依頼してきた顧客の意向に沿って文字や画像をレイアウトし、ときには動画や音声も効果的に使用しながらサイトのデザインを作ります。技術とともにセンスも求められる仕事です。

WEBデザイナーの1日

10:00	出勤。メールチェック。全体ミーティング
11:00	既存サイトの修正
14:00	クライアントと打ち合わせ
16:00	新規サイトの制作
17:00	ディレクターなどに進捗報告。自主勉強
19:00	退社

●WEBデザイナーになるには

美術系の大学や短大、またはデジタル系の専門学校や養成講座などで技術を身につけ、WEBデザイン会社、広告制作会社、または一般企業のインターネット関連の部門に就職をします。最近では主婦向けの講座を開講している専門学校もあります。WEBスクールなどに通い、高度なスキルを身につけている場合には即戦力として歓迎されます。基本的にはHTMLやCSS、Photoshop、Illustrator、Dreamweaverの使い方をマスターしデザインとコーディングできる技術を持っていることがWEBデザイナーとしての最低条件です。中途採用では正社員採用は少なく、派遣で経験を積んで、実力を認められて正社員登用される人も多いです。クラウドソーシングの台頭で単価が下がるなどの問題もありますが、子育てや介護などの理由で外に働きに出られない女性にとっては、在宅ワークとしての選択肢が広がったともいえます。

●WEBデザイナーの仕事の面白さ・向いている性格

インターネットは世界中に広がり、強力な広告媒体として企業も力を入れています。今後ますますWEBデザイナーの需要は高まることが予測されます。WEBデザイナーの仕事の魅力は、そのデザインによって人の心を動かす、ということです。WEBデザインの良し悪しによって閲覧数が増減したり、消費行動に変化が表れることもあります。そうした点からも、最近ではWEBマーケティングも意識した仕事ができるWEBデザイナーが求められています。見た目のデザインだけでなく、WEBサイトの設計や方向性の提示、技術的な問題の解決やビジネス的な提案を求められることも増えているようです。WEBの世界は変化が激しく、常に最新の情報を入手し、技術を習得していかなければなりません。クリエイティブなことが好きで、時代のトレンドスキルにも柔軟に対応できる人が向いています。

●WEBデザイナーのキャリアモデル

WEBデザイナーは一般的には、アシスタントから始まり、WEBサイト構築の一通りの流れを習得し、全体のデザインを任されるWEBデザイナーとなります。しかし小さな制作会社ではいきなりすべてを任されることもあり、さらにはクライアントとの折衝まで担当することもあるといいます。デザイン会社や制作会社では多数の会社の案件を経験しますし、自社企業のWEB部門で働くなら長期的に1つの仕事を続けることになります。得られる経験やノウハウも違うため、一概にキャリアモデルを設定することはできません。デザインを究め、アートディレクターを目指す人もいますし、管理職としてWEBディレクターとなる人もいます。妊娠・出産などにより現場を

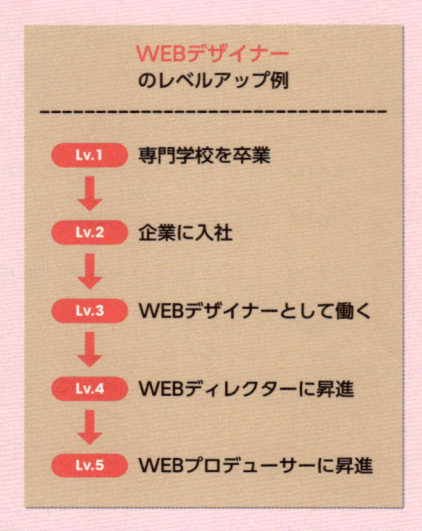

離れても、在宅でロゴ制作やトップページだけを担当したり、時短勤務後復帰したりなど、多様な働き方を認める会社も増えています。

●WEBデザイナーから転職するなら

経験と身につける技術次第で、色々な方面に転職が可能なのもWEBデザイナーという仕事の魅力のひとつです。チームワークが好きでリーダーシップを発揮したい人は、契約・営業などを含めた責任者であるWEBディレクターや、プロジェクトの統括責任者であるWEBプロデューサーへとキャリアアップすることもできます。技術系で転職をするなら、フロントエンドエンジニアとなることもできます。フロントエンドエンジニアとは、コンテンツの仕様を策定したり、設計したりする技術者のことで、WEBディレクターやWEBデザイナーの技術的なサポートなども行います。また、WEBマーケティングの知識や統計学などの専門知識を学んで、WEBアナリストとして転職することもできます。独立して、フリーランスとして仕事をすることもできます。ただし、人脈がない場合個人で契約を取るのは非常に難しいので、見極めが必要です。

WEBデザイナーの平均給料・給与

28万円

- 20代の給料：24万円
- 30代の給料：27万円
- 40代の給料：32万円
- 初任給　　：20万円

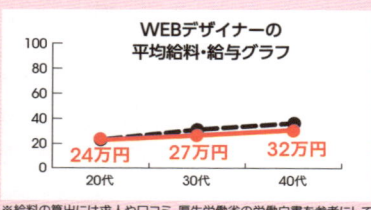

WEBデザイナーの
平均給料・給与グラフ

※給料の算出には求人や口コミ、厚生労働省の労働白書を参考にしております

chapter 3

教育・士業・コンサルティング系職業

対話力 発想力 専門性 安定 外勤 内勤

公認会計士

「内輪の恥も名誉も監査はすべてを暴き出す」

公認会計士

財務・会計業務に優れた能力を発揮する士業の一つ。最高クラスの資格難易度を誇り、経営戦略のコンサルティング業務も可能。スキル「会計監査」は企業の会計不正を起こさないために監視をする。

●公認会計士とは

上場企業や大企業は、法律にのっとった経営をしているかをチェックするため、公認会計士による「監査」を受けることが義務づけられています。公認会計士は、企業や各種法人が経営・財政状況を報告するために作成する財務諸表、計算書類などの財務書類を第三者的な立場から公正に監査し、証明します。監査業務のほか、会計指導業務なども公認会計士の仕事です。時には経営全般にわたる相談に応じて助言をするなど、コンサルティング業務を行うこともあります。税理士会に登録すれば税理士の仕事をすることもできます。

公認会計士の平均給料・給与
48万円
20代の給料：28万円
30代の給料：37万円
40代の給料：48万円
初任給　　：30万円〜

公認会計士の平均給料・給与グラフ

	28万円	37万円	48万円
	20代	30代	40代

※給料の算出には求人や口コミ、厚生労働省の労働白書を参考にしております

●公認会計士の仕事の魅力・向いている性格

公認会計士は司法試験と並ぶ難関の国家資格であり、社会的ステータスも高く、年収も30代で1000万円も可能となることや、いくつになっても働けることなどから、好不況にかかわらず高い人気となっています。公認会計士は女性が活躍しやすい職業ともいわれています。妊娠や出産で退職すると復職するのが難しいケースが多いなか、公認会計士は専門職であり需要もあるため、再就職しやすいのが理由の一つです。「結婚・出産後も長く働けて、安定した高収入が得られる」という点では最強の仕事です。公認会計士になるには3000〜5000時間の勉強が必要で合格率も10%未満と大変な難関となりますが、就職すれば初年度でも550万円ほどの年収となるので、努力をするかいはあります。数字や計算が得意で責任感が強く、安定性を重視する人に向いている仕事です。また、複数のクライアントを担当するため、コミュニケーション能力も必要となります。

●公認会計士のキャリアモデル

大手監査法人に就職すると、スタッフ→シニアスタッフ→マネージャー→シニアマネージャー→パートナーとキャリアアップしていきます。スタッフは年収600万円、シニアスタッフは年収800万円、マネージャーは年収1000万円、シニアマネージャーは年収1200万円、パートナーになると年収1500万〜数億円になるといわれています。中小の監査法人は大手に比べると年収は100万〜200万円低くなりますが、それでも一般的には高年収であるといえます。女性の場合、子育てを優先したいなどライフワークバランスを考慮し、正社員ではなく、パートやアルバイトとして働く道もあります。専門的な国家資格を所持しているということで、一般的なパート

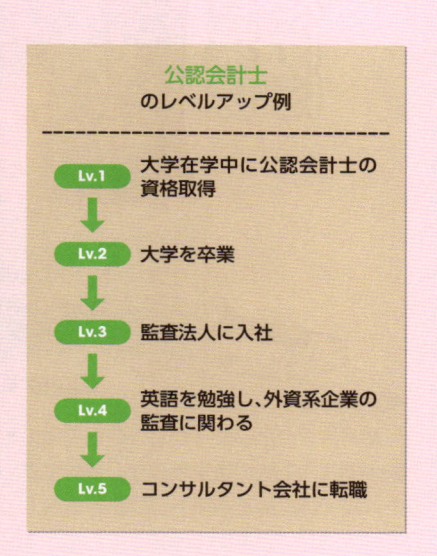

公認会計士のレベルアップ例

- **Lv.1** 大学在学中に公認会計士の資格取得
- **Lv.2** 大学を卒業
- **Lv.3** 監査法人に入社
- **Lv.4** 英語を勉強し、外資系企業の監査に関わる
- **Lv.5** コンサルタント会社に転職

よりも時給は高く、1500〜2500円、日当の相場は4万〜6万円となっています。独立開業することも可能です。

対話力　発想力　専門性　安定　外勤　内勤

弁護士

「法の下に平等という言葉は戦いを覚悟したものだけに許される言葉である」

弁護士

士業のトップに君臨する。民法や刑法・そのほかの法律に精通し、社会正義の実現を目指す。資格の中でも最高難易度を誇るためジョブチェンジに何年もかかる。スキル「異議」は法廷だけで使える弁護技。

●弁護士とは

慰謝料請求の示談交渉から、離婚協議の和解相談、法律相談など、司法から民法にわたる紛争解決のための法定手続き、依頼に基づく問題解決をする法律の専門家です。民事訴訟では離婚訴訟やご近所トラブル、借金トラブルなど個人間の争議のほか、特許トラブルや労働争議など企業間の争議を担当します。刑事訴訟では犯罪者を弁護し、検事と論争します。法律事務所を借りて営業する新米弁護士を"軒弁"、法律事務所で勉強しながら働く居候弁護士を"イソ弁"、法律事務所の経営者兼弁護士を"ボス弁"などと呼んだりします。

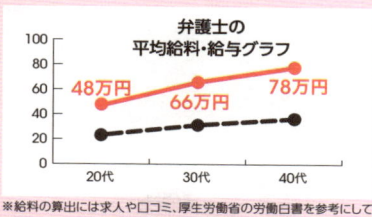

弁護士の平均給料・給与

73万円

20代の給料：48万円
30代の給料：66万円
40代の給料：78万円
初任給　　　：38万円

弁護士の平均給料・給与グラフ

48万円　66万円　78万円

20代　30代　40代

※給料の算出には求人や口コミ、厚生労働省の労働白書を参考にしております

●女性弁護士のメリットは？

新司法制度が2006年に導入されて以降、弁護士の数は増加傾向にありますが、特に女性の弁護士も急増しているといいます。女性が弁護士となるメリットはいくつかあります。まず、弁護士という資格は最難関の国家資格の一つであり、平均年収も勤務弁護士の場合800万～1000万円、開業弁護士になると年収1400万円ともいわれています。実質的に定年もないため長く働くことができ、出産や子育てで職場を離れても復帰が可能です。また、クライアントが女性の場合、同じ女性の弁護士のほうが話しがしやすいといいます。特に離婚問題や男女間のトラブルにおいては、依頼主に共感を示し、親身に相談にのってくれる女性弁護士を指定する人が多くいます。女性ならではの感情や思いについて理解し、丁寧に手続きを進め、きめ細やかな配慮ができるというイメージが強いようです。今後も女性弁護士の活躍が期待されます。

●弁護士のキャリアモデル

大手弁護士事務所では、ヒラの雇われ弁護士である「アソシエイト」からスタートします。そして経験を積み、共同経営者としての権利を持つ「パートナー」へとステップアップします。アソシエイトの給料は、大手弁護士事務所では初年度でも1000万円を超え、中小の事務所で年収600万円～となります。ただし、大手弁護士事務所は迅速かつ質の高いサービスを提供するため、365日24時間対応となります。高年収とはいえプライベートが犠牲になるデメリットがあります。最近では女性弁護士の間で企業内弁護士や企業法務という働き方が注目を集めています。年収は法律事務所より下がりますが、残業も少なく、土日祝日の勤務もなく、出産育児休暇も

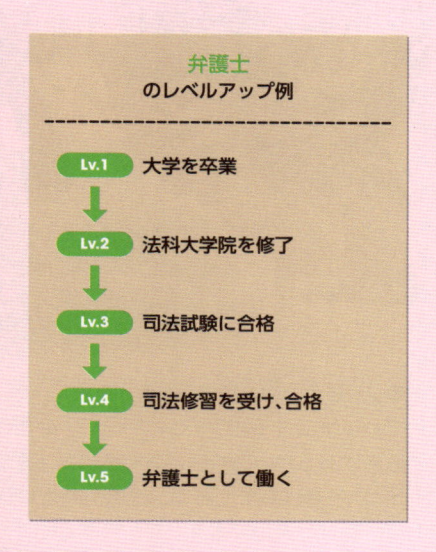

弁護士のレベルアップ例

Lv.1　大学を卒業

Lv.2　法科大学院を修了

Lv.3　司法試験に合格

Lv.4　司法修習を受け、合格

Lv.5　弁護士として働く

整っているためです。フレックスタイム制や時短勤務、在宅勤務など、柔軟な働き方を認めている企業も増えています。

対話力 | 発想力 | 専門性 | 安定 | 外勤 | 内勤

ファイナンシャルプランナー

「幸福はお金では買えませんが何事にもお金はかかります」

ファイナンシャルプランナー

士業の一つ。住居・教育・老後など将来の人生に合わせたプランや資金計画を立案する能力に優れる。「1級」の称号は熟練者の証し。スキル「人生プラン」を使い顧客の将来の不安を解消することが可能だ。

●ファイナンシャルプランナーとは

ファイナンシャルプランナー (FP) の仕事は、顧客からソース (収支がどれくらいか、負債はあるか、あればどれくらいか、家族構成はどうなっているのか、資産状況などの情報) を提供してもらい、それをもとに住居や教育、老後など、顧客の将来の人生設計に合わせた資金計画などを行うことです。結婚退職後の働き方や、妊娠・出産などの女性特有のイベントは女性同士のほうが話しやすいということもあり、多くの女性ファイナンシャルプランナーが活躍しています。

ファイナンシャルプランナーの1日

10:00	顧問企業先に直行
11:00	ファイナンシャル・プランニングの作成とアドバイス
12:00	外出先で昼食をとりながらメールチェック
13:00	依頼された企業先にて社員研修
17:00	オフィスに戻り、メールの返信、資料作成など
21:00	退社

●ファイナンシャルプランナーになるには

ファイナンシャルプランナーになるには、資格を取らなければなりません。正確には資格がなくても仕事はできますが、社会的信頼を得るためにも資格は必要です。厚生労働省所管の国家資格であるFP技能士1～3級のほか、民間資格や国際ライセンスもあります。講座を受講する人もいますし、独学で取得する人もいます。ファイナンシャルプランナーは幅広い範囲の知識が求められる仕事です。顧客の家計収支や資産状況、家族構成などを考慮に入れながら将来の見通しを立て、コンサルティングを行うため、経済のほか不動産や生命保険など、マネー関連のあらゆる分野に精通しておく必要があります。銀行や証券会社や保険会社などの金融業界のほか、不動産業界などが主な就職先となります。最近では教育関連のメディアや、塾などの教育機関でも需要が増えています。独立開業する人も多い職業です。

●ファイナンシャルプランナーの仕事の面白さ・向いている性格

新しい金融商品が次々と誕生し資産運用の選択肢が増えるなど、個人でも生活設計や資金計画などを立てる必要性が出てきました。そのため、ファイナンシャルプランナーの需要は年々高まっています。ファイナンシャルプランナーは資産に関わる、ホームアドバイザーともいえる存在です。ファイナンシャルプランナーのアドバイスが顧客の人生の方向性を決定する可能性もあるため、責任は重大です。その分、有意義で価値がある提案ができた時には「ありがとう」と感謝されることもあり、人の役に立つといった点では非常にやりがいのある仕事です。女性は結婚、出産、夫の転勤、親の介護など、ライフプランを変更せざるを得ない状況を経験している人も多く、そうした実体験から親身になって顧客の相談にのることができるため、ファイナンシャルプランナーには向いているといえます。

●ファイナンシャルプランナーのキャリアモデル

ファイナンシャルプランナーの資格を活用できるチャンスが多いのが、銀行、保険、証券など金融系の業種です。FP技能士は3級からスタートして、実務経験など条件をクリアして2級、1級とステップアップできます。FP技能士2級以上を持っていると就職に有利となるといわれています。一般企業の人事部でも、ファイナンシャルプランナー資格の取得を推奨しているところもあります。その場合、社内FPとして従業員のライフプランなどの相談業務に携わります。銀行などでは営業と同様に、成績が良ければ給料が上がることもありますし、歩合制を導入しているところでは売上に応じて年収もアップします。従事する業界で着実に出世を目指す方法と、幅広

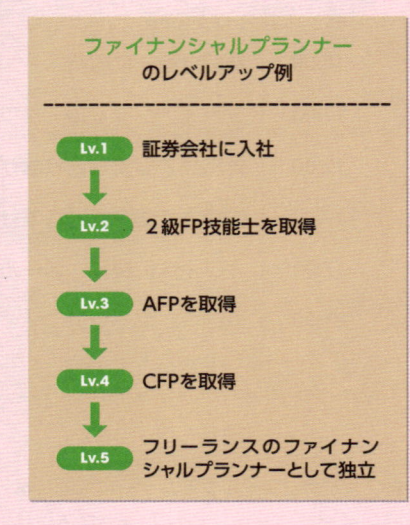

ファイナンシャルプランナーのレベルアップ例

- Lv.1　証券会社に入社
- Lv.2　2級FP技能士を取得
- Lv.3　AFPを取得
- Lv.4　CFPを取得
- Lv.5　フリーランスのファイナンシャルプランナーとして独立

くファイナンシャルプランニングの経験を積み、FP専門会社で活躍したり、独立開業をしたりといった方法もあります。

●ファイナンシャルプランナーから転職するなら

経済動向や金融の専門知識はどこの業界でも役に立つので、ファイナンシャルプランナーは転職に有利な資格ともいわれています。特に保険業界では必須ともいわれる資格であり、保険会社の営業職として転職するなら、求人はたくさんあります。ファイナンシャルプランナーは知識を応用できる範囲が広いため、ダブルライセンスを狙いやすいといった特徴もあります。「簿記」「宅建士」「相続診断士」などをファイナンシャルプランナー資格と併せて取得する人も多いようです。また、ライフプランニングを中心としたコンサルティング業務を行う事務所を独立開業する人もいます。保険会社と代理店契約を結び、販売手数料で収入を得るのが一般的ですが、中には弁護士と組んで相続相談業務を行ったり、不動産売買の契約に同行したり、セミナーを開いたりといった仕事をしている人もいます。

ファイナンシャルプランナーの平均給料・給与

32万円

- 20代の給料：25万円
- 30代の給料：32万円
- 40代の給料：37万円
- 初任給　　：15万円〜

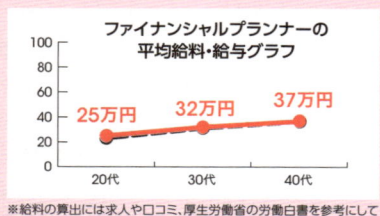

ファイナンシャルプランナーの平均給料・給与グラフ

25万円　32万円　37万円

※給料の算出には求人や口コミ、厚生労働省の労働白書を参考にしております

資格を取る働き方の今

　専門資格業と呼ばれる、士業。弁護士や公認会計士、司法書士、弁理士などの法律に携わる資格や、医師や歯科医師といった医療系資格など、その分野は多岐にわたります。とくに弁護士や医師などは試験の難易度が高く、一度資格を取得すれば高い年収が期待でき、社会的優位性も保証される憧れの職業として認知されてきました。

　しかし司法試験は、近年合格者が急増。仕事量に対して弁護士数が飽和状態となり、法律事務所にも就職できない新人が増えているといいます。背景には、日本弁護士連合会が「司法サービスの充実」という目的のもと、2002年以降、年間500人だった司法試験合格者を年々増加させたため。これにより資格を取得しても、優秀な人材として認められなければ法律事務所に入ることは難しくなり、独立開業弁護士になっても経験や人脈がなく、一般的な収入も得られない人が増えているのです。資格を取りさえすれば食べていけるという考えは、いまや通用しないようです。

　公認会計士は資格取得後、監査法人に入社するのが一般的ですが、合格者と求人数はほぼ一定数を保っており、相変わらず就職に有利。他の士業も弁護士ほど大きな数の動きはありませんが、就職難で士業を選択する人が増えたため、仕事獲得のための努力は必要不可欠でしょう。医師は、親の開業医院を継ぐ場合などを除き、病院への就職が一般的で就職に困ることも少ないようですが、医療費カットなどの影響もあり、昔のような高額所得は期待できないかもしれません。

　士業は、きちんとした企業や団体に所属できれば、仕事を確保でき、その後の独立のための経験や人脈を得ることができます。資格取得だけでなく、その後の士業人生で重要な財産を与えてくれる就職先に合格することが、士業人生で成功するための鍵になるでしょう。

対話力 発想力 専門性 安定 外勤 内勤

一級建築士

「美しい城でも、愛されなければ意味がない」

一級建築士
建築の基礎となる設計図を作る能力を持つ士業の一つ。「一級」の称号を持つ建築士は高層ビルや複雑な建物を設計可能だ。均等ディバイダーの槍を持ち、正確無比にすべてを計測する。別名「築城侍」。

●一級建築士とは

一般住宅からオフィス、公共建築物まで、さまざまな建築物の企画・設計と工事監理などの業務を行うのが建築士です。一級建築士は、延床面積が500㎡以上の大型建築物の設計、工事監理を行うことができます。例えば、学校や病院、映画館などの大型施設です。注文主の依頼を受けて、建物の用途、規模、デザイン、構造、設備、予算、工期、立地条件、法律問題などについて調査や打ち合わせを行い、建築物を設計します。細かな条件はありますが、一般住宅や店舗程度の建築物なら、二級建築士の資格で設計ができます。

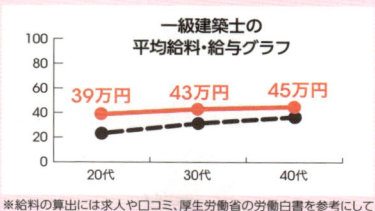

一級建築士の平均給料・給与
42万円
20代の給料：39万円
30代の給料：43万円
40代の給料：45万円
初任給　　：24万円

一級建築士の
平均給料・給与グラフ

39万円　43万円　45万円

※給料の算出には求人や口コミ、厚生労働省の労働白書を参考にして
おります

● 一級建築士の仕事の魅力・向いている性格

一級建築士になるには、専門学校や大学の土木学科、建築学科で専門知識を学ぶことの
ほかに実務経験も必要になります。通常は、建築設計事務所に勤めながら資格を取得し
ます。一級建築士の資格があれば、建築管理審査員、大手ハウスメーカー、建築プラン
ナー、ゼネコンなど、就職口はたくさんあります。以前は男性中心の職業でしたが、現
在は女性建築士も増えつつあります。より住みやすい家づくりのために女性の生活感覚
を重視する傾向があるため、女性の建築士への期待が高まっています。バリアフリーや
ソーラー住宅、育児や介護がしやすい家など、通常の住宅に付加価値をつけた住宅の設
計が求められています。女性は経験を活かして顧客のニーズに合わせた提案ができ、き
め細やかな配慮ができるため、建築士には向いているといえます。外装から内装まで建
築士のセンスが問われるため、審美眼を身につけるのも重要です。

● 一級建築士のキャリアモデル

一級建築士は大小にかかわらずすべての施設の
設計や、工事監理に携わることのできる資格で
す。しかし、働く職場によって、個人住宅が中
心だったり、大型商業施設を手掛けていたりと、
仕事の規模が異なることがあります。設計士と
して経験を積み、できるだけ大きな仕事をして
みたいと思ったら、転職する方法もあります。
一級建築士の資格は建築業界では引く手あまた
で、さまざまな企業でキャリア採用なども積極
的に行われています。資格手当2万円〜という
ところもあります。基本計画などの企画段階が
得意なのか、実施設計が得意なのか、監理が得
意なのかといった強みがあると、より転職が有
利となります。女性の場合、出産や子育てなど
で職場を離れるケースも多いですが、一級建築

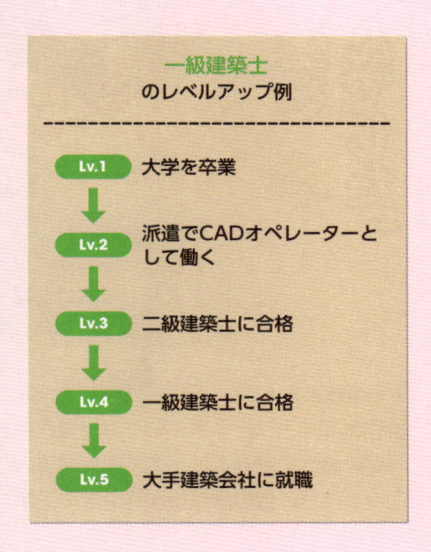

一級建築士
のレベルアップ例

- Lv.1　大学を卒業
- Lv.2　派遣でCADオペレーターと
して働く
- Lv.3　二級建築士に合格
- Lv.4　一級建築士に合格
- Lv.5　大手建築会社に就職

士の資格があれば復帰できる可能性が高くなります。時短勤務やワークシェアなどを実施し
ている会社もあるので、自分のライフワークバランスに合致した企業を探すとよいでしょう。

対話力　発想力　専門性　安定　外勤　内勤

図書館司書

「1万冊読んだ私でも人生を変えることはできませんでした」

図書館司書

別名「本を統べる者」。図書館にある本を管理したり、本の貸し借りに関する受付業務を行う。スキル「検索システム」は、探している本を一発で探し当てる、「トレジャースキル」の一つ。

●図書館司書とは

図書館司書とは、私立・公立の図書館において、資料の整理、書籍の管理、受付業務や図書の貸借業務など、幅広く対応するのが仕事です。公共図書館などでは時々イベントをやったり、他の施設のイベントの企画に協力したりするケースもあります。読み聞かせイベントやおすすめの図書特集など、図書館司書が企画立案を行うことも増えているようです。論文やレポート作成のための資料を探す利用者に対してアドバイスをしたり、参考資料を提示したりするレファレンスサービスを行うこともあります。

図書館司書の平均給料・給与	
22万円	
20代の給料：22万円	
30代の給料：24万円	
40代の給料：26万円	
初任給　　：15万円〜	

図書館司書の
平均給料・給与グラフ

22万円　24万円　26万円

※時給制や契約社員が多いため情報が少ないですが、給料の算出には求人や口コミ、厚生労働省の労働白書を参考にしております

●図書館司書の仕事の魅力・向いている性格

図書館司書の仕事の魅力は、とにかく「本」と関わることができるということです。図書館の使命は本の保存です。後世にまで読まれる本を保管、管理し、貸し出すということは本好きにはたまらない仕事であるといえます。また、レファレンス業務など、利用者の探している本を見つけたり、困っていることを解決したりといった仕事は達成感があり、司書としての能力を存分に発揮できる場面です。図書館司書は女性が多い職業でもあります。図書館の閉館時間は決まっているので残業が少ない傾向があり、体力仕事ではないため、女性でも働きやすい職場であるといえます。公立図書館では視覚障害者など障害のある人を雇用することも増えてきています。公共性が高く、好きな本に囲まれて仕事ができる環境ということで、あまり給料が高くなくても司書を目指す人は多いです。正規採用は狭き門となっています。

●図書館司書のキャリアモデル

市町村立など自治体の公立図書館で働く職員は、ほぼ公務員です。公務員の場合、月給は自治体によって異なりますが、おおむね20万円くらいの給料となります。図書館司書には、アルバイトや派遣社員、市の嘱託職員などもいます。嘱託職員の場合、時給制がほとんどで、時給900〜1200円となり、月給だと14万〜16万円となります。地方では時給780円など、給料は低くなる傾向があります。それでも図書館司書を目指す人は多くおり、供給過多ともいわれています。職員1人の募集に50人以上の応募があることもあるそうです。公務員の場合、自治体の俸給表に基づいて年齢に応じて昇給していきますが、それ以外の嘱託職員の場合、昇給はほぼ望めま

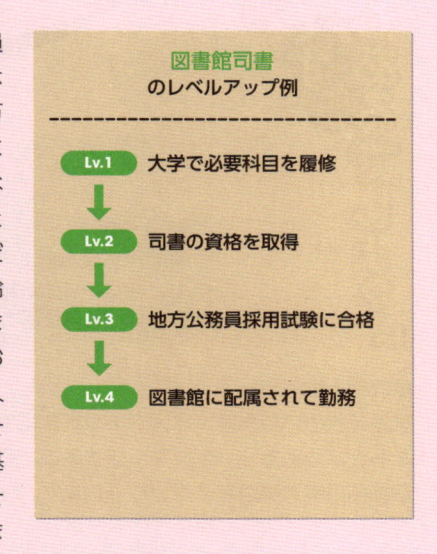

図書館司書
のレベルアップ例

Lv.1　大学で必要科目を履修

Lv.2　司書の資格を取得

Lv.3　地方公務員採用試験に合格

Lv.4　図書館に配属されて勤務

せん。図書館司書はキャリアアップを図るには不向きな職業ともいえますが、経験を積めば積むほど面白みが出てくる仕事ともいわれています。

対話力 発想力 専門性 安定 外勤 内勤

気象予報士

「人間も天気も同じなんです。だって、良い時も悪い時もあるでしょ？」

気象予報士
気象庁直属の侍系ジョブ。属性は「天候」。兵器「ひまわり」を駆使し、宇宙からの情報をもとに天気を予知。固有クラス「お天気お姉さん」は、気象予報士の国家資格がなくてもクラスチェンジ可能。

●気象予報士とは
気象予報士の仕事は、アメダスや気象衛星、気象レーダーなど、さまざまな観測データをもとに分析をし、気象を予報することです。具体的には、天気予報を作成したり、交通機関の最適航路を予想したりします。リゾート地など天候によって訪れる観光客が増減したりするような場所へ情報を提供するのも、仕事の一つです。そういった場所では気象予報士の予報に合わせて商品数を調整するなどの対策を取っていたり、誤報があれば怪我人が出たりする可能性もあるので、気象予報士の仕事は責任重大です。

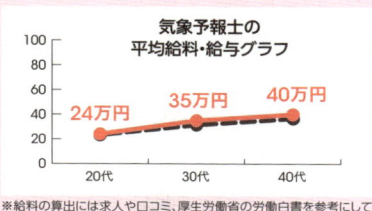

気象予報士の平均給料・給与
33万円
20代の給料 : 24万円
30代の給料 : 35万円
40代の給料 : 40万円
初任給　　 : 16万円

気象予報士の
平均給料・給与グラフ

※給料の算出には求人や口コミ、厚生労働省の労働白書を参考にしております

●気象予報士の仕事の魅力・向いている性格

気象予報士になるには、国家資格に合格しなければなりません。学歴など関係なく誰でも試験を受けることができますが、合格率は5％前後ともいわれており、かなりの難関資格です。データや経験に基づいて総合的な判断をして予報を行うのが気象予報士の仕事ですが、不確定なことを予測できるということに魅力を感じる人も多いようです。天候は人々の生活と密接に関わっており、暮らしを豊かにするという点でも、気象予報士の仕事は社会的意義があります。また、テレビで活躍している「お天気お姉さん」などはアイドルとしての側面もあり、若い女性に大変人気がある職業です。気象予報士の資格を持っていなくても「お天気お姉さん」にはなれますが、ある程度の年齢になればアイドル的な活動は難しくなります。「気象予報士」という国家資格があれば、民間の気象会社などに転職できるので、持っておいて損はないでしょう。

●気象予報士のキャリアモデル

気象予報士の就職先は、大きく分けて3つあります。1つ目は気象庁で、国家公務員となります。2つ目は、民間の気象会社です。気象会社は農業、漁業、建設業などの会社に気象の情報を販売しています。3つ目は放送業界です。お天気キャスターなどはその代表ですが、中にはテレビには出演せず気象の予測だけをしている人もいます。「お天気お姉さん」は気象予報士の資格がなくてもできますが、やはり資格があったほうが自分で予報ができ、説得力も増すので、キャリアを積むには資格があったほうが良いといえます。NHKの天気予報士でも月給40万円前後といわれており、民間の気象会社で月給30万〜40万円です。テレビ局の気象予報士は花形ですが、

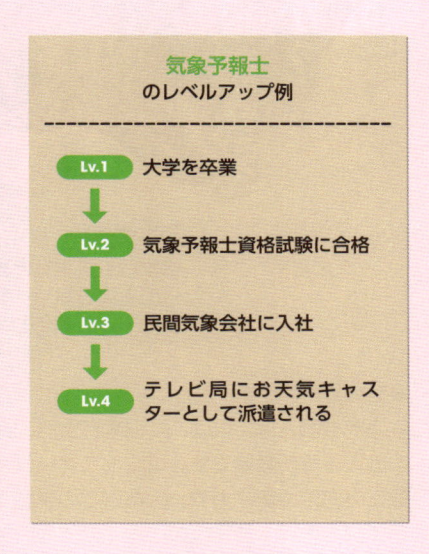

気象予報士
のレベルアップ例

Lv.1 大学を卒業

Lv.2 気象予報士資格試験に合格

Lv.3 民間気象会社に入社

Lv.4 テレビ局にお天気キャスターとして派遣される

早朝の勤務などもあるため、女性が長く働くことを考えると、民間企業のほうが福利厚生などの面で働きやすい可能性もあります。

対話力 発想力 専門性 安定 外勤 内勤

日本語教師

「あずき色・萌葱色・紅藤色を英語で説明できますか？それが日本語なんです」

日本語教師
日本語や日本文化を教える文化系ジョブ。別名「YAMATO伝承者」。
外国人に日本語を教えるため、「英語」は必須スキルになる。語感の
鋭さ・人柄・文化への精通など、かなり広範囲にわたり知識を持つ。

●日本語教師とは

日本語教師とは、外国人に日本語会話、文法、言語的な部分と関連する日常の習慣など
を教える専門教師です。コミュニケーション能力がかなり高いことが必要で、英語を筆
頭に外国語の語学力や、大卒以上の学歴が必要となります。さまざまな国籍の人が通う
日本国内の日本語学校のほか、海外の日本語学校で教えることもあります。採用条件に
よっては、日本語を教えるだけでなく、進路指導や試験対策、留学生の相談など、さま
ざまな業務をこなします。

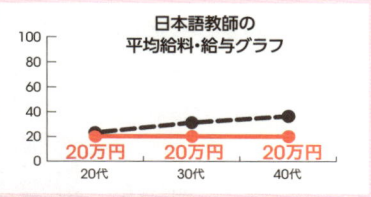

日本語教師の平均給料・給与	
20万円	
20代の給料：20万円	
30代の給料：20万円	
40代の給料：20万円	
初任給　　：0〜1万円	

日本語教師の
平均給料・給与グラフ

20代　20万円
30代　20万円
40代　20万円

※給料の算出には求人や口コミ、厚生労働省の労働白書を参考にしております

●日本語教師の仕事の魅力・向いている性格

日本語学習者は、年々増えているといいます。グローバルビジネスにおいて日本語の重要性が認識されるようになり、またアニメや漫画といったカルチャーの面でも日本語への興味が高まっているためです。そのため、日本語教師の需要も増加しています。日本語が母国語ではない人に日本語を教えるため、コミュニケーション能力が非常に重要となります。慣れない日本で心細い思いをしている外国人の、良き相談相手となることもあります。そういった点において、女性は共感力が強く、親和性の高い人が多いため、日本語教師には向いているといえます。子育てが一段落した女性や、定年退職後に第二の人生として日本語教師を選ぶ人もいます。非正規雇用やボランティアも多く、給与は総じて低めですが、インターナショナルな仕事で、年齢や性別問わず活躍でき、人の役に立てるため、お金ではない部分のやりがいを感じることができる仕事です。

●日本語教師のキャリアモデル

日本語教師は、語学校の正規雇用だけでなく、大学の非常勤講師や、派遣社員やフリーランスとして働く人もいるなど、働き方がたくさんあります。そのためキャリアモデルは個人によって大きく異なります。また、ボランティアで日本語教師をしている人もいます。海外では青年海外協力隊（20 〜 39歳対象）やシニア隊員（40 〜 69歳対象）が有名です。JICA（国際協力機構）から生活費の支給を受けながら、派遣国で日本語を教えます。語学校の正規雇用であっても、平均年収は300万〜 400万円で、昇給が望めるところは少ないようです。非常勤の場合、時間給となり年収換算では200万円未満のこともあります。ボランティア的要素が強く、決して

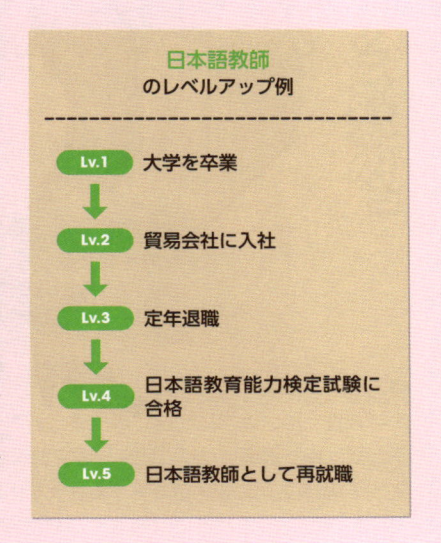

日本語教師
のレベルアップ例

Lv.1　大学を卒業

Lv.2　貿易会社に入社

Lv.3　定年退職

Lv.4　日本語教育能力検定試験に合格

Lv.5　日本語教師として再就職

高給が得られるわけではありませんが、お金には代えがたい経験を積むことができるという点が日本語教師として働くメリットとなっています。

対話力　発想力　専門性　安定　外勤　内勤

大学教授

「責任を放棄している限り
ひらめきや叡智はやってこない」

大学教授
学問を教え授けることができる「教職」において、最上位クラスの一つ。博士号というプルーフ（称号）を取得しないとクラスチェンジできないジョブであり、難易度も高い。

●大学教授とは

大学教授とは、大学に所属し専門の分野を持ち、学生たちに講義を行ったり、ゼミや研究室を受け持ち指導したり、研究や論文執筆をしたりします。通常、国立大学の教授は1コマ90分の講義を週に2〜3コマ、私立大学の教授は6〜10コマ担当しています。大体週に3日ほど講義をすることになります。研究室やゼミは、文系では週に1回のこともありますが、理系になると毎日研究することもあるため、教育熱心な教授は毎日のように顔を出すそうです。また、他大学で非常勤として講義を受け持ち、忙しく全国を回る教授もいます。

大学教授の平均給料・給与

62万円

20代の給料：0円
30代の給料：60万円
40代の給料：63万円
初任給　　　：56万円

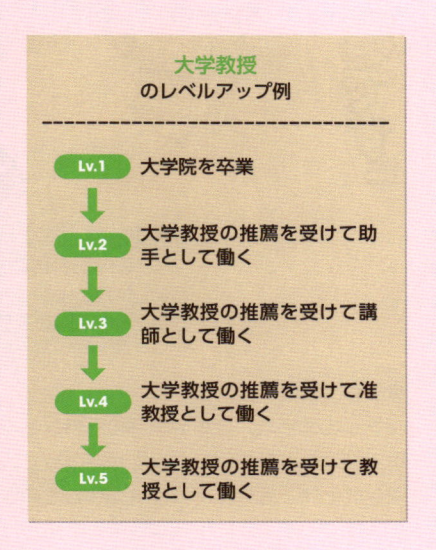

大学教授の
平均給料・給与グラフ

60万円　　63万円

0円

20代　30代　40代

※給料の算出には求人や口コミ、厚生労働省の労働白書を参考にしております

●大学教授の仕事の魅力・向いている性格

比較的給料は安定しており、時間的制約が少なく自由度が高く、好きな研究ができるということで、大学教授という仕事は精神的なストレスが少ないという話もあります。しかし一方で、学校運営にも携わるようになると派閥争いなどもあり、政治的な駆け引きに頭を悩ませることもあるようです。大学教授は8割近くが男性で、女性が少ない職業ですが、最近では女性教授も増えつつあるといいます。給料や休日などの待遇に男女でまったく差がなく、研究結果や実績で評価がされるため、職業的には非常に男女平等であるといえます。また、大学教授という職業は社会的信用度も高く、給料も高水準で、男性に頼らずとも女性一人でも十分に生活していけるため、結婚という形にこだわらない女性教授もいます。子どもがいても比較的自由がきくので、女性でも長く続けることができる仕事です。

●大学教授のキャリアモデル

平成27年現在、国立大学は86校、公立大学は92校、私立大学は603校となっています。大学の大半は私立大学です。文部科学省の統計によると、国立大学の教授の年収は800万〜1800万円、ボリュームゾーンは年収900万〜1000万円の間です。例えば、東京大学では、教授の年収は875万〜1869万円となっています。平均年収は1172万円です。私立大学の教授の年収は、公開しているところも少なく正確な額は不明ですが、平均年収は1000万円前後といわれています。有名私立大は1200万〜1500万円となります。逆に、地方の無名私大では、学科によっては年収400万円台という教授もいるようです。大

大学教授のレベルアップ例	
Lv.1	大学院を卒業
Lv.2	大学教授の推薦を受けて助手として働く
Lv.3	大学教授の推薦を受けて講師として働く
Lv.4	大学教授の推薦を受けて准教授として働く
Lv.5	大学教授の推薦を受けて教授として働く

学教授になるまで、男女問わず「助手」→「助教」→「講師」→「准教授」→「教授」というルートを辿ることがほとんどで、20年以上かかることもあります。

対話力　発想力　専門性　安定　外勤　内勤

保育士

「勤務中にたくさんプロポーズされるお仕事です」

保育士
子どもの保育に関するスペシャリスト。クラスは「保育士」「病児保育士」がある。トロッコを駆使し子どもを運搬するスキル「集団移動」で、周囲を笑顔にする癒やし系ジョブ。

●保育士とは

保育士の仕事は、仕事や家庭の事情などで子どもたちの世話ができない親の代わりに乳幼児を預かり、身の回りの世話や遊びなど、保育全般を行うことです。心身の健康的な発達を目的とする保育指導カリキュラムを前提とした、未就学児童への基本的な生活指導を行います。また、集団生活や地域との関わりの中で社会性を養わせる役割も担っています。厚生労働省管轄の国家資格であり、保育士一人が担当できる児童数などにも細かい規定が決められています。保育時間が原則8時間以上と長く、共働き世代の強い味方です。

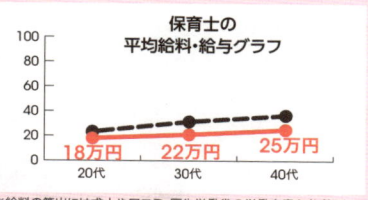

保育士の平均給料・給与	
22万円	
20代の給料：18万円	
30代の給料：22万円	
40代の給料：25万円	
初任給　　：15万〜18万円	

保育士の
平均給料・給与グラフ

18万円　　22万円　　25万円

※給料の算出には求人や口コミ、厚生労働省の労働白書を参考にしております

●保育士の仕事の魅力・向いている性格

保育士は、母親の代理として子どもたちの成長を見守る重要な仕事です。子ども好きであることは第一条件で、健康で体力があり、感受性が豊かで明るい性格の人が向いています。幼児期は人格形成においても大切な時期であり、保育士の責任も重大です。優しく甘やかすだけでなく、時には厳しい態度で接することも必要となります。ピアノや絵の技能も仕事に活かすことはできますが、それよりも子どもに寄り添う心を持っていることが重視されます。何かを一方的に教えるだけでなく、子どもたちからさまざまなことを学びとり、人間的に成長していくことができるのが、保育士の仕事の魅力でもあります。日々成長していく子どもたちに感動をもらい、励まされることもあります。一般的な保育所では早番や遅番などのローテーションでシフトが組まれていることが多いです。動きやすい服装とエプロン、ナチュラルメークが基本となります。

●保育士のキャリアモデル

保育士になるには、国家資格に合格しなければなりません。短大卒業程度の学歴、または専門学校、短大、大学など指定保育士養成施設を修了していることが受験要件となります。公立・民間の保育所、乳児院、児童養護施設、知的障害児施設や肢体不自由児施設などの児童福祉施設がおもな就職先となります。最近ではベビーホテルや企業が併設している託児所、デパートやショッピングセンター内の保育ルームなどに勤める保育士もいます。また、ベビーシッターや自治体の認定を受けて乳幼児を預かる家庭福祉員（保育ママ）などでも、保育士が活躍しています。手取りは10万〜20万円と決して高くはありませんが、長時間保育や休日・夜間保育などのニーズが

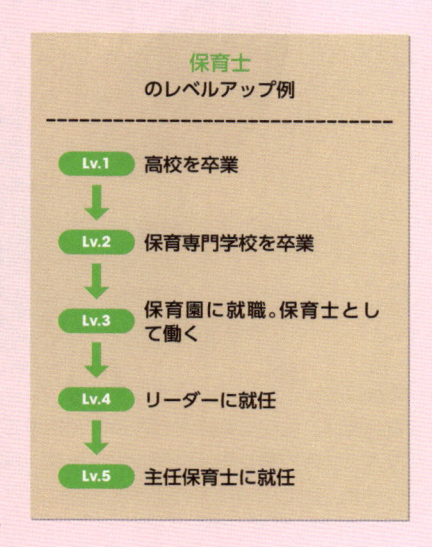

保育士
のレベルアップ例

- **Lv.1** 高校を卒業
- **Lv.2** 保育専門学校を卒業
- **Lv.3** 保育園に就職。保育士として働く
- **Lv.4** リーダーに就任
- **Lv.5** 主任保育士に就任

高まっており、短時間勤務のパートやアルバイトなど、働き方を選ぶこともできます。職場の理解もあり、結婚や出産後も続けられる仕事です。

対話力 発想力 専門性 安定 外勤 内勤

教師

「学ぶことによって道徳を身につけなさい。問うことによって道理を分別しなさい」

教師

子どもたちに学術や技芸を指導するジョブ。スキル「熱血」は、子どもたちに熱い思いを叩き込み、スキル「仏」は、仏のまなざしで生徒を優しく見守る。親と連携し、道徳を教えるのもまた重要な仕事だ。

●教師とは

教師とは、生徒に勉強を教える教育指導を行います。勉強のほかにも、クラス運営や生活指導、健康観察や安全管理、事務作業、保護者への対応など、広範囲にわたる仕事をこなします。特に小学校の教師は基本的にすべての科目を教えることになり、社会生活を送るために必要な基礎知識や常識、道徳を身につけさせる、いわば人間形成にも関わる仕事です。教師は中立的な第三者として生徒と関わり、すべての生徒を一個人として平等に見なければなりません。個性を重視し、価値観を芽生えさせ、育てる教育が基本となります。

教師の1日

8:20	職員朝礼
8:30	ホームルーム後授業開始。授業がない時は、次の授業の準備
15:10	終礼
16:00	職員会議
17:00	クラブ活動や生徒指導など
19:00	退勤

●教師になるには

教師になるには、基本的には教員免許が必要となります。小学校なら「小学校教諭免許状」、中学校と高校は教科別の免許状を取得しなければなりません。また、一部の自治体を除いて、特別支援学校では「特別支援学校教諭免許状」も必要となります。短大・大学・大学院の教職課程で学び免許を取得することもできますが、社会人になってから通信制の大学などでも教員免許を取得することができます。また、教員免許がなくても「特別免許状制度」や「特別非常勤講師制度」などで教師となる人もいます。公立学校の場合、教師は公務員となります。各自治体の教員採用試験を受け、合格しなければなりません。採用試験の競争倍率は地域によって差があり、近年では地方ほど高い傾向があります。私立の場合は学校ごとに独自の採用試験が行われますが、毎年採用があるとは限りません。個人の能力や学校の運営状態などによって、待遇に差があります。

●教師の仕事の面白さ・向いている性格

子どもたちが好きで、教えることに喜びを感じ、そして偏見がなく好奇心が強い人が教師には向いているといいます。人に物事を教えるというのは、一筋縄ではいきません。わかる生徒とわからない生徒では適切な教え方も違います。そういった違いを踏まえ、自分なりの授業を考え、試行錯誤を繰り返し、クラスの平均点が上がるなど結果が出ると、非常にやりがいがあるといいます。教師の仕事は、授業準備や通信簿・生徒指導要録の作成、部活動業務のほか、さまざまな会議への出席や教育委員会の仕事など多岐にわたり、目が回るほど忙しいこともあります。そのため、仕事に優先順位をつけて、時間管理や自己管理がしっかりできる人が向いています。また、子どもたちを相手にする仕事であり、突発的な出来事や保護者への対応などもあるため、臨機応変に冷静に対処できる人が理想です。

●教師のキャリアモデル

小学校の場合、公立学校が約2万校に対して、私立学校は約200校で、教師のほとんどが公立学校に勤めています。公務員の場合、各自治体の俸給表によって定められた給料が支給されます。公務員は能力にかかわらず年齢に応じて号級が上がっていく仕組みになっており、安定した昇給が望めます。教諭 → 指導教諭・主幹教諭 → 副校長・教頭 → 校長という出世コースがありますが、役職の受験資格は自治体によって異なります。役職ごとの手当よりも、年齢による昇給で年収は変動するという話もあります。教師は結婚しても、子どもができても、一生続けられる専門職といわれています。産休や育休、看護休暇など福利厚生が手厚く、育休明けは時短勤務

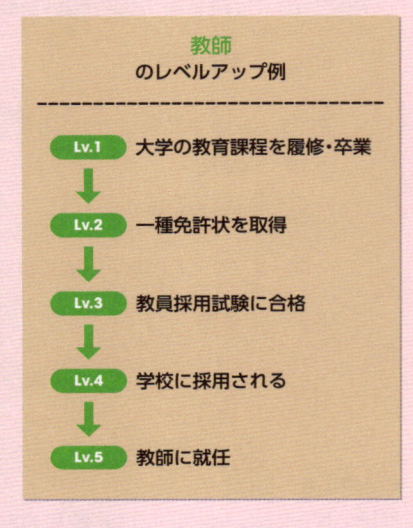

教師のレベルアップ例

Lv.1	大学の教育課程を履修・卒業
Lv.2	一種免許状を取得
Lv.3	教員採用試験に合格
Lv.4	学校に採用される
Lv.5	教師に就任

などが認められている自治体もあります。一方で、私立学校や非常勤講師の場合、手当が出なかったり休みが取れないこともあり、待遇に差があります。

●教師から転職するなら

公立学校の教師になるには教員免許を持っているだけでなく、教員採用試験に合格しなければなりません。人員に限りがあり狭き門となるため、臨時講師として教師の仕事をしながら、採用試験にチャレンジし続ける人もいます。しかし、それでも採用されることがなく、やむなく転職をする人も多いようです。「子どもたちに勉強を教える」という点で、塾講師を選ぶ人や、児童福祉施設などを選ぶ人もいます。また、まったく関係のない民間企業の総合職や事務職に転職をする人もいれば、英語や専門分野の知識を活かした職業に転職する人もいます。教師という前職から、「コミュニケーション能力が高く、人間関係をうまくやれる」という評価をする企業もあるようです。教師という職業は公務員の中でも特に離職率が高いといわれており、対策が急がれています。

教師の平均給料・給与

37万円

20代の給料：29万円
30代の給料：37万円
40代の給料：46万円
初任給　　：20万円〜

※小学校教諭の場合

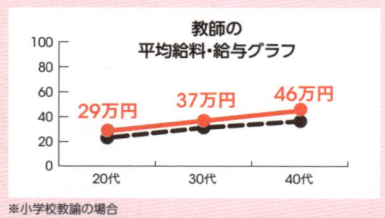

教師の平均給料・給与グラフ

29万円　37万円　46万円

※小学校教諭の場合
※給料の算出には求人や口コミ、厚生労働省の労働白書を参考にしております

chapter 4

芸能・マスコミ・クリエイティブ系職業

対話力 発想力 専門性 安定 外勤 内勤

YouTuber

「大人よりも子どもたちが稼ぐ
『新時代』がはじまりました」

YouTuber
YouTubeという動画サイトで活躍するタレント。人気ジョブランキングでも上位に君臨しはじめた新世代ジョブの一つ。トップになれば、富と名声を得ることができる一攫千金型の職業だ。

●YouTuberとは
動画を作ってYouTubeにアップし、それで広告収入を得るのが仕事となります。多彩な動画があり、どんな動画を作るのも自由ですが、実際には人気があるジャンルで成功しなければ厳しい世界でもあります。そのような動画をアップする人たちがYouTuber（ユーチューバー）と呼ばれています。国内外でかなりの数の人が専業になってきたのが最近の特徴です。およそ8割の人が月1000円未満の収入となります。100万円以上を稼ぐ人は数％以下。広告収入なしで、単に動画投稿だけのユーザーもいます。

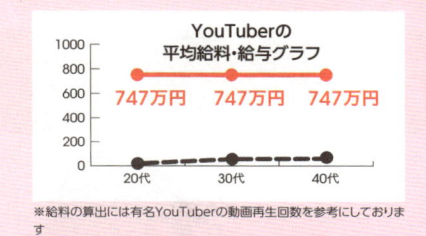

YouTuberの平均給料・給与

747万円

20代の給料：747万円
30代の給料：747万円
40代の給料：747万円
初任給　　：1万円

YouTuberの平均給料・給与グラフ

※給料の算出には有名YouTuberの動画再生回数を参考にしております
す

●YouTuberになるには

保護者の承諾があれば18歳未満でも収入を得ることができます。最近では「キッズYouTuber」といわれる子どもたちの動画も大躍進しています。必要な機材は、パソコン、デジタル一眼などのカメラ、テロップで使う編集ソフトや加工用ソフトなどです。クオリティの高い動画を作るには、それなりの動画制作の技術が必要となります。また、SNSアカウントやブログなど、他のサービスとの連携をすることが再生数の上昇につながります。動画の投稿は質よりも数であり、できれば毎日投稿することが必要です。人気YouTuberの中には、撮影のために防音設備のある家や事務所を借りている人もいます。著作権があるものや既存の音楽をアップして収益を稼ごうとすると、違反になり、悪質であればペナルティにより一生YouTubeで稼ぐことができなくなります。六本木ヒルズにあるYouTube Space Tokyoではワークショップも開かれています。

●YouTuberのキャリアモデル

YouTuberとして稼ぐには再生回数と広告の表示数が重要になります。月によって変動はありますが、動画1再生につき平均0.02〜0.2円の間の収入となるようです。月に10万円以上の収入を得ようとすると、500万回再生が必要になります。人気のYouTuberでも1動画当たり30万〜40万回、多くても100万回の再生数なので、専業でやるにはかなり厳しい職業です。女性YouTuberが活躍しているジャンルは、コスメやメーク、ファッション、料理、英会話、ゲーム実況などです。女性ならではの視点を活かした動画が人気を集めています。また、アイドル的な活動をしている人もいます。YouTuberを専門にマネージメントを行うプロダクション事務所もあります。広告の選択から撮影のサポートまで行う広告代理店や芸能事務所のような事業形態であり、今後ますます発展していくと予想されます。

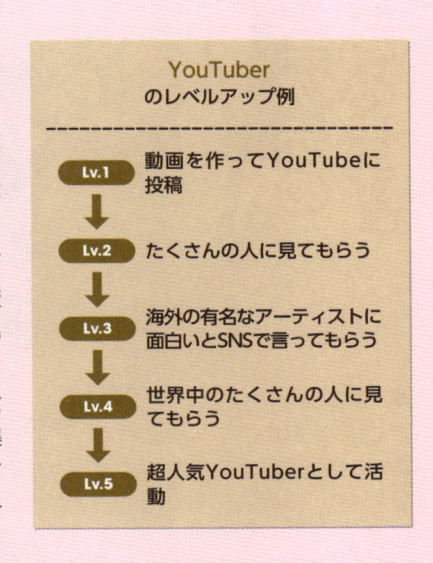

**YouTuber
のレベルアップ例**

Lv.1 動画を作ってYouTubeに投稿

Lv.2 たくさんの人に見てもらう

Lv.3 海外の有名なアーティストに面白いとSNSで言ってもらう

Lv.4 世界中のたくさんの人に見てもらう

Lv.5 超人気YouTuberとして活動

対話力 発想力 専門性 安定 外勤 内勤

声優

「あなたを
三次元から二次元の
世界へ引き込みます」

声優
己の声を触媒にし、キャラクターや映像に命を吹き込むサモン系ジョブの一つ。別名「ボイスサマナー」。歌手やアイドルタレントとして活躍することも。天性と努力で得た独特の声は最強の武器だ。

●声優とは
アニメ、映画やドラマの吹き替え、テレビやラジオのナレーション、ゲームのキャラクターの声、電車や駅のアナウンスなど、声を使う仕事をするのが声優です。舞台への出演や朗読、司会、ラジオのパーソナリティなど、幅広い範囲で活躍しています。声だけでなく、表現力や演技力も必要となります。人気の声優になると、CDを出したり、音楽ライブを開催したり、写真集を出したり、映画に出演したりすることもあります。アニメ声優の中にはアイドルとして注目を集める人もおり、現在声優は憧れの職業の一つとなっています。

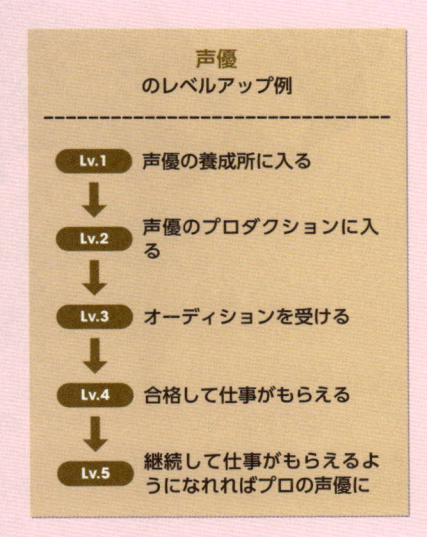

声優の
平均給料・給与グラフ

12万円　17万円　22万円

※給料の算出には求人や口コミ、厚生労働省の労働白書を参考にしております

●声優の仕事の魅力・向いている性格

舞台や映像と違って、年齢や背丈や外見、性別に左右されず、色々な役が演じられるという点に魅力を感じている人が多いようです。現実ではあり得ないようなファンタジー世界の登場人物を演じることができるのも声優という仕事の面白さです。向いているのは、演技力のある人のほか、自己プロデュース力のある人です。自分自身が商品となるため、自分をうまく売り込む営業力や、人脈を作るコミュニケーション力が重要となります。歌唱力がある、楽器が演奏できる、フリートークが上手いなどのスキルも有利になるといいます。また、よっぽどなことがない限り、代役を立てるわけにはいかないので、体調管理には気をつけなければならない職業です。特に、風邪や歯の治療など、声を出すことに関係がある事柄には細心の注意が必要です。声優になるには、声優科のある専門学校や養成所に入るのが一般的です。俳優から声優をやる人もいます。

●声優のキャリアモデル

アニメや吹き替えの仕事の収入は、声優のランクで決まります。報酬は30分1万5000〜4万5000円で、ノーランクというギャラの上限がないランクもあります。CMやアナウンス、ナレーション、ゲームなどの仕事は報酬の規定がないため、アニメの仕事よりも報酬が高いことがあります。トップクラスの声優になると、年収が1億円ということもあるとか。駆け出しのうちは収入が低く、ほとんどの人がアルバイトと掛け持ちをしている状態だそうです。レギュラーのアニメ番組をたくさん持ち、アナウンスやナレーション、CMもこなして、歌手活動や執筆活動をする人もいます。さまざまな依頼を受けて経験を積むことで技術力を高め、オーディションで良い役をもらうことがキャリアアップにつながります。アイドル声優は「大人の女性」を演じられるかどうかが生き残りの鍵になるようです。

声優
のレベルアップ例

- **Lv.1** 声優の養成所に入る
- **Lv.2** 声優のプロダクションに入る
- **Lv.3** オーディションを受ける
- **Lv.4** 合格して仕事がもらえる
- **Lv.5** 継続して仕事がもらえるようになれればプロの声優に

対話力 発想力 専門性 安定 外勤 内勤

振付師

「さあ踊りで
世直しを起こしましょう！」

振付師

歌手やダンサーに振り付けを教えるジョブ。作った舞を覚えた人は「パペッター」と化し、人を魅了するダンスや歌を披露する。インパクトのある振り付けは流行し、最高位の振付師は「現代の傀儡師」とも。

●振付師とは

ダンサーが踊る曲の振り付けをしたり、歌手の曲に振り付けをしたりするのが仕事です。また、フィギュアスケートやテーマパークダンスの振り付けなども行う振付師もいます。映画やテレビ、舞台などで踊るシーンがある場合に振り付けをする仕事もあります。アーティストの楽曲に振り付けをする場合、歌詞との関連性やアーティストの個性を表現するなど、求められることはたくさんあります。ストリートダンスやバレエ、日本舞踊などさまざまなダンスを組み合わせることもあり、技術とオリジナリティが重要となります。

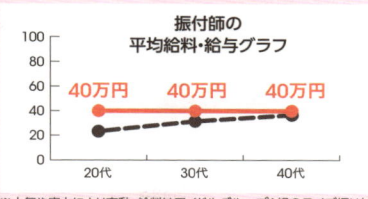

振付師の平均給料・給与
40万円
20代の給料：40万円
30代の給料：40万円
40代の給料：40万円
初任給 ：20万円〜

振付師の
平均給料・給与グラフ

40万円　40万円　40万円

※人気や実力により変動。給料はアイドルグループ1組のライブ振り付けをしたと仮定して算出

●振付師になるには

振付師は、振り付けをする仕事でありながら、ダンスを教える仕事でもあります。そのため、振付師にはダンサーとしての経歴が必要不可欠です。まずはバレエや日本舞踊、ジャズダンス、ヒップホップなど、ダンススクールに通ってダンスの基礎を学び、その後ダンススタジオや劇団などに入ったり、ダンス教室の手伝いをしたりしながらダンサーとしてスキルを高めていきます。その中で創作ダンスを作って披露し、ダンサーとしてオーディションやコンテストで受賞して経歴を積んでいきます。ダンサー専門のプロダクションに入り、先輩振付師のアシスタントをしたり、バックダンサーを務めたりしながら経験を重ねていく人もいます。また、フリーの有名振付師に弟子入りする人もいます。そうして、ダンサーとして認められ、ある程度の成功を収めた人が、振付師となります。海外留学し、ダンスや舞台演出を学ぶ道もあります。

●振付師のキャリアモデル

基本的に振付師は、オファーによって仕事が成り立っています。純粋に振り付けで食べていくのであれば、ダンサーとして地道にオーディションを受け続けるしかありません。振付師専用のオーディションもあるので、そういったオーディションに合格し、仕事につなげていきます。振付師の給料は固定ではなく、1曲、または1つのCMにつきいくら、という風に報酬が支払われます。新人の場合、1回のギャラは数万円で、有名になれば50万〜 100万円になるといわれています。仕事は単発で急に入ることも多く、2週間ほどでダンスを完成させなければならないこともあります。振付師だけで食べていくにはかなり有名にならないと厳しいといわれており、ダン

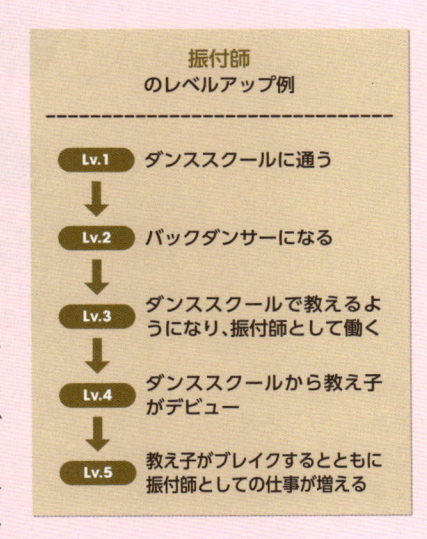

振付師
のレベルアップ例

Lv.1 ダンススクールに通う

Lv.2 バックダンサーになる

Lv.3 ダンススクールで教えるようになり、振付師として働く

Lv.4 ダンススクールから教え子がデビュー

Lv.5 教え子がブレイクするとともに振付師としての仕事が増える

ススクールを経営、または所属して生徒にダンスを教えてレッスン料を得ている人が大多数です。収入格差が大きい職業といえるでしょう。

対話力 発想力 専門性 安定 外勤 内勤

芸能マネージャー

「我が子よ
大舞台に羽ばたけ！」

一次の現場まで
あと10分で移動開始

芸能マネージャー
タレントの活動をサポートする後方支援型ジョブ。スケジュール管理・営業活動などマネージメント業務を得意とする。「KUROKO」とも呼ばれ、売れっ子を育てたマネージャーは「敏腕」の称号を得る。

● 芸能マネージャーとは
芸能事務所に所属し、担当することになったタレントのスケジュール管理のほか、仕事の現場手配などを行います。担当タレントをCMやドラマなどに出演させるために、人脈を駆使して企画を持ち込んだり、挨拶回りや出演交渉をするなど、営業をするのも仕事です。また、そのタレントの将来を考え、どういった路線でいけば売れるかなど、タレント本人や事務所のスタッフと話し合い、企画を考えたり、アドバイスをしたりといった、プロデュース的な仕事もします。ギャラの交渉もマネージャーが行うこともあります。

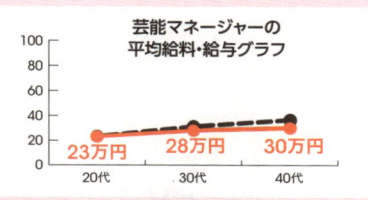

芸能マネージャーの平均給料・給与

27 万円

20代の給料：23万円
30代の給料：28万円
40代の給料：30万円
初任給　　：19万円〜

芸能マネージャーの
平均給料・給与グラフ

23万円　　28万円　　30万円

※給料の算出には求人や口コミ、厚生労働省の労働白書を参考にして
おります

●芸能マネージャーの仕事の魅力・向いている性格

タレントの仕事は不規則であることが多く、マネージャーもそれに合わせて業務をこなすため、かなり体力が必要になるといいます。また、スケジュール管理などのマネージメント業務だけでなく、ときにはファンからタレントを守る役割まで担うこともあり、頭も身体も使う仕事となります。そんななか、多くの女性マネージャーが活躍。マネージャーの能力次第でタレントが売れることもあり、大変ですがやりがいのある仕事です。タレントという「商品」をマネージメントして売り出すことが仕事ですが、人間である以上、タレントとの信頼関係が重要となります。コミュニケーション力はもちろんのこと、気配りや礼儀を身につけていることが基本です。自分が担当するタレントが売れた時には達成感を味わうことができ、大舞台に羽ばたくタレントを見るのは子を見送る親のような気分だといいます。芸能人の活躍は、マネージャーの努力があってこそです。

●芸能マネージャーのキャリアモデル

芸能事務所に社員として入社し、マネージメント部門に配属されて、担当を割り振られてマネージャーとしてのキャリアをスタートします。マネージャーとしてスケジュール管理やタレント同行などの業務を行って経験を積んでいき、チーフマネージャーとなります。チーフマネージャーは、複数のマネージャーを統括する立場となり、所属タレントの魅力を見極めてブランド戦略を考え、仕事を吟味したり営業をしていくのがおもな仕事です。小さな芸能プロダクションでは一人のマネージャーが何人も担当し、営業からスケジュール管理、同行までこなしていることもあります。また、子役などは母親がマネージャーをしていることもあります。不規則で多忙となるため、結婚や出産後に続けるのは難しい職業ではありますが、チームでカバーするなど対応をしている事務所もあります。

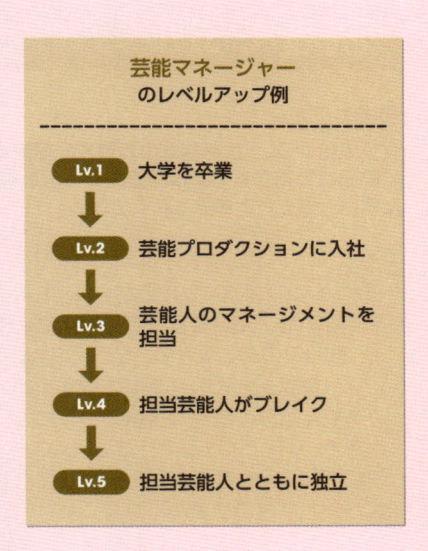

芸能マネージャー
のレベルアップ例

- Lv.1　大学を卒業
- Lv.2　芸能プロダクションに入社
- Lv.3　芸能人のマネージメントを担当
- Lv.4　担当芸能人がブレイク
- Lv.5　担当芸能人とともに独立

対話力	発想力	専門性	安定	外勤	内勤

コスプレイヤー

『己の存在を確かめる行為 それがコスプレ』

コスプレイヤー

幻想キャラを己のアイデンティティに憑依させ、あらゆるものに変身することができるジョブ。別名「変身師」。略して「レイヤー」とも。

アニメやゲームなどのキャラクターに扮するのがコスプレイヤーです。男女比率は1:9と圧倒的に女性が多いのが特徴。好きなキャラクターになりきり、撮影会やイベント、オリジナルブランドの作成、アイドル活動、動画配信など活動は多岐にわたります。なかには、グラビアモデルとして大手出版社から写真集を出す人も。撮影会でいくらか稼いでも衣装などの経費がかかり赤字になることもあります。お金よりもアイデンティティや変身願望を満たすためにやっている人が多いようです。

コスプレイヤーの平均給料・給与
16万円
20代の給料：16万円
30代の給料：16万円
40代の給料：0円
初任給　　：6500円〜

コスプレイヤーの平均給料・給与グラフ

16万円　16万円　　0円

※給料の算出には求人や口コミ、厚生労働省の労働白書を参考にしております

対話力	発想力	専門性	安定	外勤	内勤

読者モデル

読者モデル

女子大生やOL、主婦などの肩書で一般読者として誌面に登場するモデル。腹黒いモデルも多く、たまに「毒モ」と揶揄されることも。

『最大の武器 それは "親近感"』

ファッション雑誌などに登場する、一般人という立場のモデル。身長などの制限はあまりなく、親しみのある読者の1人として参加する形になります。雑誌の募集に応募するか、スカウトや友だちの紹介で読者モデルになる人もいます。ギャラは1回の仕事で3000〜5000円程度が多く、交通費だけという場合も。人気が出てプロのモデルになる人もいれば、タレントとして活躍する人もいます。主婦でも読者モデルとなることができ、雑誌によって幅広い年代の女性が活躍できる職業です。

読者モデルの平均給料・給与
5万円
20代の給料：5万円
30代の給料：5万円
40代の給料：5万円
初任給　　：1万円

読者モデルの平均給料・給与グラフ

5万円　5万円　5万円

※給料の算出には求人や口コミ、厚生労働省の労働白書を参考にしております

| 対話力 | 発想力 | 専門性 | 安定 | 外勤 | 内勤 |

俳優

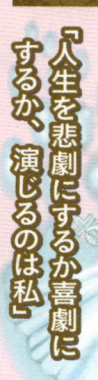

「人生を悲劇にするか喜劇にするか、演じるのは私」

俳優

映画や舞台、テレビでさまざまな役をこなす芸術職。スキル「魂の召喚」は、あらゆる職業、性別、世代の登場人物になりきることができる。

映画やドラマ・舞台に役者として出演することが仕事です。オーディションを受けて役をもらい、台本を基に役作りを行います。有名俳優ともなれば年収1億円以上稼ぐ人もいますが、俳優だけでは食べていけず、アルバイトをしている人もたくさんいます。芸能事務所や劇団に所属している人、フリーランスで活動している人などさまざまです。養成所出身者もいれば、モデルや歌手から俳優となる人も。美人でなくても圧倒的な個性や演技力があれば活躍できる、夢のある職業です。

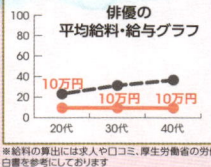

俳優の平均給料・給与
10万円
20代の給料：10万円
30代の給料：10万円
40代の給料：10万円
初任給　　：5000円〜

俳優の平均給料・給与グラフ

10万円　10万円　10万円

※給料の算出には求人や口コミ、厚生労働省の労働白書を参考にしております

| 対話力 | 発想力 | 専門性 | 安定 | 外勤 | 内勤 |

レースクイーン

レースクイーン

「速戦の女神」と呼ばれ、「スピードの戦」に幸運をもたらすシンボル。女王のほほ笑みを受けたものはその年の戦いを制するともいわれる。

「勝利の女神の代理人は芸能人の卵」

カーレースやバイクレースなどで、スポンサーの宣伝活動やイベントトーク、メディア取材、ドライバーのサイン会補助などのレース会場周辺の雑用から、モデルとしての活動がおもな仕事です。容姿のほか、体力があり、上昇志向が強く、メンタル面で強い性格の人が向いています。サーキット専属のレースクイーンの倍率は25倍といわれ、非常に厳しい世界です。イベントコンパニオン中心の芸能事務所からオーディションに応募し、レースクイーンとなるのが一般的です。

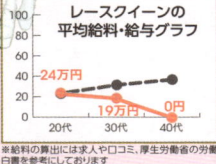

レースクイーンの平均給料・給与
22万円
20代の給料：24万円
30代の給料：19万円
40代の給料：0円
初任給　　：5万円

レースクイーンの平均給料・給与グラフ

24万円　19万円　0円

※給料の算出には求人や口コミ、厚生労働省の労働白書を参考にしております

対話力　発想力　専門性　安定　外勤　内勤

雑誌編集者

「ホンモノと呼ばれる者は誰もがメディアをもてる時代でも常に一歩リードできる！」

雑誌編集者
古代より受け継がれし「編集」スキルを持つジョブ。編集長の愛を、もって部下を攻め叩き上げる「口撃」に耐えたものは、上位職へクラスチェンジ可能。華やかに見えるが努力を要する忍耐系ジョブの一つ。

●雑誌編集者とは

雑誌編集者とは、雑誌の企画・制作を行うのが仕事です。雑誌の読者層などから判断して売れるような企画を立て、企画実現のために取材先やライターに依頼をします。取材交渉からカメラマンやデザイナー、イラストレーター、モデルなどの手配、予算管理、制作進行と仕事は多岐にわたります。外部に依頼した文章や写真を校正して修正依頼をしたり、自分で修正したりもします。そしてその文章や写真を使って全体的なページを作っていきます。最近では電子雑誌などの媒体を手がけることもあります。

雑誌編集者の1日

10:00	出勤。メールチェック
11:00	ライターやカメラマンと進行チェックの後、編集作業開始
14:00	取材・撮影に出かける
17:00	帰りがけに作家から原稿受け取り
18:00	オフィスに戻り、メールチェック後、原稿チェック、校正
22:00	退社

●雑誌編集者になるには

雑誌編集者になるには決まったステップを踏まなければいけないということはなく、大学の専攻分野も問われないことが多いです。出身者が多いのは文学・文芸学科などですが、どの学部を出ていても編集の職に就くことができます。中にはマスコミ系の専門学校で編集について学び、編集者を目指す人もいます。雑誌の編集に携わるには、出版社に就職するのが一番の近道です。ただし、会社の規模や扱う雑誌によって、待遇にはかなり差があります。大手出版社は非常に人気が高く、新卒で入社するには倍率が200倍以上になるともいわれています。中途採用も多くありますが、出版社の下請けを行っている編集プロダクションに就職して経験を積む方法もあります。男女関係なく能力が発揮できる職業であり、実力とキャリアを備えればフリーの編集者として活躍することもできます。社員時代のコネクションがとても重要となります。

●雑誌編集者の仕事の面白さ・向いている性格

雑誌編集者は人気の職業であり、華やかな仕事と思われがちですが、実際は地味な作業が多く、根気と集中力が求められる仕事です。締め切りが迫れば徹夜で作業することもあり、時間が不規則なので、体力も必要となります。また、誌面に関わる多くの人を統括して進捗を管理しなければならないため、気配りをしながらもコントロールする力がある人でなければ務まりません。常にアンテナを張って流行のものをチェックし、読者に受けそうな新しい企画を探すのも編集者の仕事です。情報収集力があり、時代の動きを敏感にキャッチする感受性や、発想力が豊かな人が望まれます。広い人脈とネットワークも必要となる仕事のため、コミュニケーション能力があり、フットワークの軽い人が向いています。女性のほうが物腰が柔らかく取材のアポイントが取りやすいなどのメリットもあるようです。

●雑誌編集者のキャリアモデル

雑誌編集者は、編集の仕事を一通り覚えて経験を積み、編集長を目指すのがキャリアパスの王道です。しかし中には現場での仕事が好きで管理職を断り、編集者として仕事を続ける人や、フリーランスの編集者となる人もいます。編集者は徹夜もあるような不規則で多忙な仕事であり、結婚や出産で離職する女性も多いです。大手出版社は産休・育休が完備されており、チームでのフォロー体制や勤務時間の融通が利くこともあるため、子育てをしながらでも働き続けることができるといいます。一方、編集プロダクションや小規模出版社では、人員が足りずバックアップ体制が不十分なため、女性編集者が働き続けるには厳しい現状があるようです。しかし、年間1

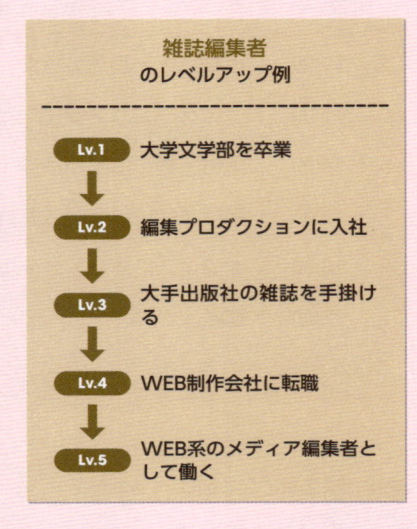

億部以上発行される女性ファッション誌業界など、女性編集者の力が不可欠な雑誌があるのも事実。女性の活躍の場はたくさんあります。

●雑誌編集者から転職するなら

出版業界ではアルバイトや契約社員としての雇用が非常に多く、その不安定さから転職を決意する雑誌編集者も多いようです。記事のチェックや校正を行う編集者にもそれなりの文章能力が求められます。そうした能力を活かして、小説家やエッセイストなど文筆業に転職する編集者もいます。また、雑誌の編集の仕事で得たスキルを活かし、PR会社や企業の広報職などに転職する人もいます。IT系、医療系など担当していた雑誌の知識を活かして、そうした他業界に転職活動を行うこともできます。最近は出版不況であり、紙媒体の編集から、情報サイトや電子雑誌などWEBの編集へと移行していく編集者も増えています。紙での編集のノウハウがWEBの編集にも応用できるといいます。編集者の持つマーケティング能力や管理能力はどの職業でも活かせる強みとなります。

雑誌編集者の平均給料・給与

39万円

20代の給料：30万円
30代の給料：37万円
40代の給料：50万円
初任給　　：15万円

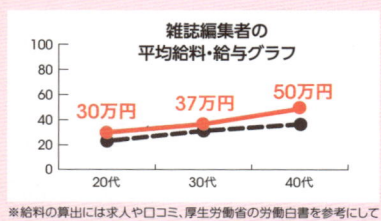

※給料の算出には求人や口コミ、厚生労働省の労働白書を参考にしております

対話力 | 発想力 | 専門性 | 安定 | 外勤 | 内勤

イラストレーター

『子供心に戻っても私は芸術家でいられますか？』

イラストレーター

サモン系ジョブの一つ。オリジナルキャラクターをソシャゲや小説に召喚し人々を魅了する。スキル「厚塗り」はイラストに重厚感を出す。

イラストレーターは絵を描くのが仕事です。ゲーム業界やアニメ業界などでデザイナーを兼ねているイラストレーターも多くいます。雑誌や宣伝ポスター、自社サイトに掲載するイラストなど広報用のイラストを描く仕事もあります。フリーランスで働く人が多いのも特徴ですが、専業で食べていける人はごく少数です。女性は色彩感覚に優れているともいわれており、イラストレーターに向いているといえます。在宅でも仕事ができるので、結婚出や産後も続けることができる仕事です。

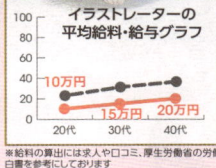

イラストレーターの平均給料・給与
15万円
20代の給料：10万円
30代の給料：15万円
40代の給料：20万円
初任給：5万円〜

イラストレーターの平均給料・給与グラフ

10万円　15万円　20万円

20代　30代　40代

※給料の算出には求人や口コミ、厚生労働省の労働白書を参考にしております

対話力 | 発想力 | 専門性 | 安定 | 外勤 | 内勤

アニメーター

アニメーター

動く絵を召喚するサモン系ジョブの一つ。召喚魔法「ノイタミナ」によって召喚されたアニメ獣は、オタ族たちを寝不足にさせるとか。

プロダクション、制作会社などで、作画や鉛筆、電子媒体での動画制作などを行う仕事です。以前は映画やテレビのアニメ番組制作が主流でしたが、現在はネット動画も多く制作しています。専門学校や美術大学などでデザインやデッサンなどの基礎技術、専門用語や理論を身につけるとよいでしょう。年収300万円を超えるには大手制作会社や、アニメやCGを同時に扱うエンタメ系の制作会社などに就職する必要があります。フリーでは原画1枚80円で月数万円にしかならないことも。

『『24』と『12』という数字の間に私は新しい何かを垣間見た』

アニメーターの平均給料・給与
22万円
20代の給料：14万円
30代の給料：25万円
40代の給料：27万円
初任給：13万円

アニメーターの平均給料・給与グラフ

14万円　25万円　27万円

20代　30代　40代

※給料の算出には求人や口コミ、厚生労働省の労働白書を参考にしております

対話力 | 発想力 | 専門性 | 安定 | 外勤 | 内勤

テレビプロデューサー

『この世には自然に存在するものより面白く美しいものなんてない』

テレビプロデューサー

番組制作の企画統括からスポンサー探しなど、テレビ番組の核を担うジョブ。番組すべての責任を負う。テレビを駆使した圧倒的な拡散力から「拡散皇帝」と称される。

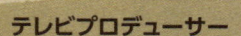

●テレビプロデューサーとは

テレビプロデューサーは、テレビ番組の制作における最高責任者です。企画の立案、制作に必要な資金を出すスポンサーや出演者との交渉、制作スケジュールや予算の管理などを行い、スタッフをまとめます。放送作家や演出家との打ち合わせも行います。ディレクターが制作現場で指揮をとり作業を管理するのに対して、プロデューサーはディレクターから報告を受けて制作の進捗状況を確認し、時間とお金を管理します。番組すべての責任を負う立場になるため、トラブルが起きたときに対処するのもプロデューサーの仕事です。

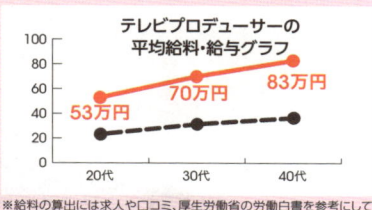

テレビプロデューサーの平均給料・給与

83万円

20代の給料：53万円
30代の給料：70万円
40代の給料：83万円
初任給　　：23万円

テレビプロデューサーの
平均給料・給与グラフ

53万円　70万円　83万円

※給料の算出には求人や口コミ、厚生労働省の労働白書を参考にしております

●テレビプロデューサーの仕事の魅力・向いている性格

テレビはいまだに社会に対して大きな影響力を持つ媒体です。そんなテレビの番組を企画制作するというのは責任も重大ながら、クリエイティブで非常に魅力的な仕事です。プロデューサーは管理・統括するという役割上、ある程度自分の好きに番組を作ることができます。しかし、思い通りに仕事が進むこともあれば、トラブルなど思い通りにならない難しさに直面することもあります。そうした事態にもめげずに、頭を回転させて冷静に次の行動を取れる人が向いています。男女問わず仕事をすることはできますが、女性だからといって優遇されたり融通が利く仕事ではありません。男性と同様、番組改編期には新番組や特番の準備で駆けずり回り、激務をこなさなければなりません。時には深夜の業務や接待などもあるため、体調管理や自己管理がしっかりできる人でなければ務まりません。

●テレビプロデューサーのキャリアモデル

テレビプロデューサーは、テレビ局に就職し、昇進する形でなるのが基本です。新卒で入社後、アシスタントディレクターとして経験を積み、ディレクターに昇進。そして実力をつけてプロデューサーへと昇進します。制作会社でもプロデューサー職に就くことはできますが、基本的にはテレビ局と同じキャリアの流れになります。ただし、テレビ局と制作会社のプロデューサーは大きく年収が異なります。キー局は1500万円前後の平均年収となるのに対して、制作会社の平均年収は500万円程度にとどまります。キー局に就職するには新卒で入社するか、制作会社等で相当な実績を残して中途採用をされるしかありません。圧倒的に男性が多い職種ですが、女

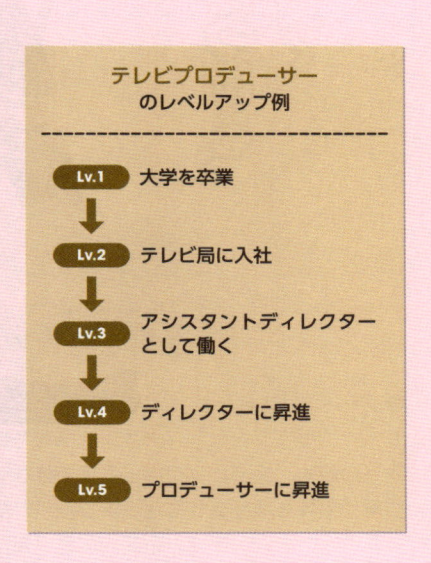

テレビプロデューサー
のレベルアップ例

Lv.1　大学を卒業

Lv.2　テレビ局に入社

Lv.3　アシスタントディレクター
　　　として働く

Lv.4　ディレクターに昇進

Lv.5　プロデューサーに昇進

性をターゲットにしたドラマやバラエティも多いため、女性ならではの目線から番組を企画制作することができる人が求められています。

対話力　発想力　専門性　安定　外勤　内勤

ジャーナリスト

「正義は、時に他人を傷つける。
それでも己の正義を貫く
覚悟はありますか？」

ジャーナリスト

権力監視系ジョブ。事実に対する現状や意義、展望を報道する専門家
といわれており、別名「現代のジャンヌダルク」と呼ばれることも。
スキル「徹底取材」は、公平かつ正確性を保つためには欠かせない。

●ジャーナリストとは

ジャーナリストとは、さまざまな情報を取材し、報道記事として寄稿する仕事です。国内外の政治、経済、文化など多種多様な分野のトピックスや時事問題に対して、自身の見解や主張を織り交ぜながら論じたり、解説や告発する記事を発信します。日本におけるジャーナリストとは、企業内記者（報道各社直属）と、外部委託のフリージャーナリストの2種類を指します。ほとんどがマスメディアの報道関係に属しており、その人脈を利用して仕事の依頼を受けています。カメラマンと兼業している人も多いです。

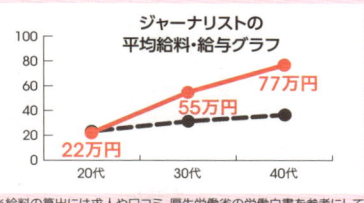

ジャーナリストの平均給料・給与	
55万円	
20代の給料：22万円	
30代の給料：55万円	
40代の給料：77万円	
初任給　　：24万円	

ジャーナリストの平均給料・給与グラフ

77万円 / 55万円 / 22万円

20代　30代　40代

※給料の算出には求人や口コミ、厚生労働省の労働白書を参考にしております

●ジャーナリストになるには

ジャーナリストになるには資格も学歴も関係ありませんが、社会や政治経済に対する広く深い見識があることが基本となります。記者クラブなど大手新聞社の記者や、有名週刊誌の編集長クラスだった人が独立し、ジャーナリストとして活躍することが多いです。マスメディアで司会やコメンテーターをしているジャーナリストも、ほとんどが共同通信社や、大手5大全国紙新聞社などの編集部に長く勤めたという経歴があります。報道関係の出身者以外では、作家や弁護士、大学教授などがジャーナリストとして活動していることもあります。得意とするジャンルによって「国際ジャーナリスト」や「医療ジャーナリスト」、「戦場ジャーナリスト」「スポーツジャーナリスト」「モータージャーナリスト」「美容ジャーナリスト」など多くのカテゴリーが存在し、女性ジャーナリストも増えつつあります。

●ジャーナリストのキャリアモデル

新聞記者や報道記者として経験を積み、独立してフリーのジャーナリストとなった場合、基本的には独自取材による記事の販売で収入を得ます。そのため、収入は仕事の依頼によって大きく変動します。1記事当たりの報酬は経費などを差し引いて20万〜100万円と仕事によって差があります。危険地域や紛争地域などの取材で、マスメディアが「記事は欲しいが自社の記者は危険で派遣できない」といったケースの場合、フリージャーナリストが取材した映像は5分間ごとに100万〜200万円といった高値で買い取る例もあるそうです。女性ジャーナリストは、女性ならではの感性や視点が評価されたり、インタビューは女性のほうが話しやすい雰囲気を作

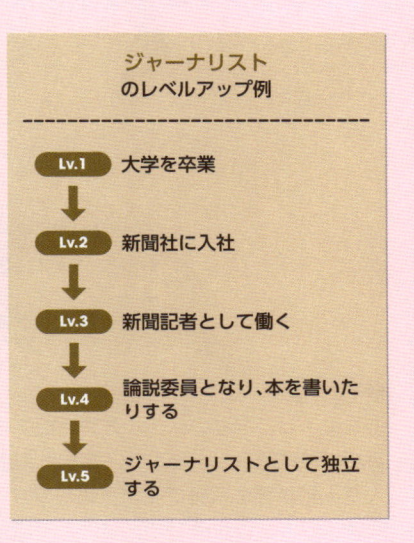

ジャーナリストのレベルアップ例

Lv.1　大学を卒業

Lv.2　新聞社に入社

Lv.3　新聞記者として働く

Lv.4　論説委員となり、本を書いたりする

Lv.5　ジャーナリストとして独立する

るのが得意で聞き出すのが上手いということで、重宝されることもあります。人脈を利用し、経験を重ね、キャリアを築いていきます。

対話力 ｜ 発想力 ｜ 専門性 ｜ 安定 ｜ 外勤 ｜ 内勤

アナウンサー

「美貌と頭脳を兼ね備えた　アイドルサラリーマンよ」

アナウンサー
トップクラスの事象伝達系ジョブ。自分の声や言葉を魔法に変換する武器「マイク」を装備。このマイクには言霊が宿っており、言葉を具現化する能力がある。

●アナウンサーとは

おもにテレビなどのメディアで活躍するテレビ局の社員で、番組の司会進行やニュース番組の原稿読み、バラエティ番組への出演などをします。メディアの花形職業として、大変人気が高い職業です。アナウンサーでもトップクラスになると1200万〜1500万円の年収となるようです。特にキー局（フジテレビや日本テレビ、TBS、テレビ朝日）のアナウンサーは年収が高い傾向があります。フリーアナウンサーになると年収2000万円以上もらっているという話もありました。

アナウンサーの1日

6:00	出勤。本番まで打ち合わせ
8:00	本番
10:00	本番終了。その後、反省会
13:00	番組打ち合わせ
14:00	ロケ
17:00	撮影終了、そのまま帰宅

●アナウンサーになるには

テレビ局やラジオ放送局に入社するには、短大卒以上の学歴が必要となります。在学中にアナウンススクールなどで基本的な知識と技術を身につける人が多いです。民放キー局のアナウンサー試験の倍率は数千倍ともいわれる狭き門。全国に100以上あるローカル局の募集も高倍率となっています。入社試験は一般的に、筆記、音声テスト、カメラテスト、フリートーキング、面接などです。採用にあたっては、幅広い知識や学力、コミュニケーション能力、容姿、仕事に対する情熱など、総合的に判断されます。新卒者を対象としていることがほとんどですが、ローカル局では中途採用を行っているところもあります。実力とキャリアを積んで独立し、芸能プロダクションなどに所属して、フリーのアナウンサーとして活躍する人もいます。知名度と人気次第で年収数億円となる人もいますが、仕事がなければ月給数万円ということもあるでしょう。

●アナウンサーの仕事の面白さ・向いている性格

世間の好感度も高く、華やかなイメージのあるアナウンサーですが、勤務時間が不規則でハードな仕事となるため、精神的にも体力的にもタフであることが求められます。また、視聴者に情報を正確に伝えなければならないため、正しい日本語を使い、明瞭な発声ができることが必須のスキルとなります。アナウンサー次第で視聴率が決まることもあり、イメージも重要です。タレントのように活躍している女性アナウンサーですが、待遇は会社員となるため、社員である以上仕事を選ぶことはできません。ニュースを読むこともあればバラエティ番組に出演することもありますし、リポーターとして自ら取材をすることもあります。多くの現場に柔軟に対応するには、一般常識や幅広い知識を身につけなければなりません。どんな事態にも冷静に対処し、感情をコントロールできる人が向いています。

●アナウンサーのキャリアモデル

アナウンサーとしてテレビ局に採用後、最初の数か月は発声など基本的な技術を身につけるための新人研修を行い、OJTで現場を経験していきます。キー局では入社数年以内に適性を判断されて、報道、スポーツ、バラエティなどのジャンルに振り分けられるといいます。これは視聴者に愛されるキャラクターを形成するためという理由もあるようです。30代以降になると、そのジャンルのプロのアナウンサーとして一線で活躍する人、方向性に違和感が出て異動の希望を出す人、また、退社してフリーランスで活躍する人と、分かれていきます。40代以降はアナウンス室の部長など管理職となり、新人アナウンサーたちを教育、監督、管理し、支える立場となる人

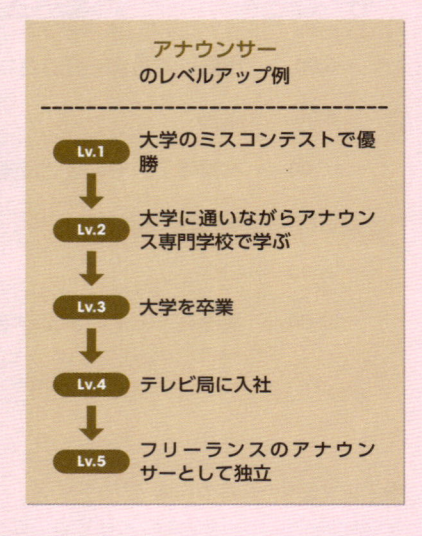

もいます。結婚・出産や世代交代、人気低迷、自由な働き方を選択したいなどの理由から、離職する人も多いのが女性アナウンサーの特徴です。

●アナウンサーから転職するなら

アナウンサーは不規則で激務であり、接待や付き合いなども多く、大変な仕事です。そのため、仕事を選ぶことができるフリーという道を選ぶ人も多くいます。テレビ局を退社してフリーとなったアナウンサーは、結婚式やイベントの司会、ラジオのパーソナリティ、講師など、声を使う多くの仕事をしています。人気のあったアナウンサーなら、CMに出演したり、イメージキャラクターになったり、雑誌の取材を受けたりと、タレントのように活動している人もいます。中にはアナウンサー時代のインタビューや取材の経験を活かして、ジャーナリストとして活躍する人もいます。弁護士や政治家に転職した人や、花屋に転職した人などさまざまです。基本的にアナウンサーとなる人は容姿や学歴など高スペックで仕事ができる人が多いため、どんな職業に転職しても成功する可能性が高いです。

アナウンサーの平均給料・給与

56万円

20代の給料：35万円
30代の給料：55万円
40代の給料：78万円
初任給　　：23万円〜

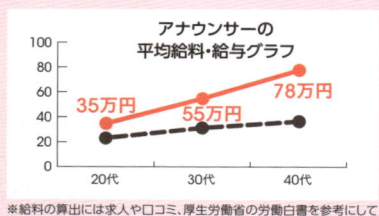

※給料の算出には求人や口コミ、厚生労働省の労働白書を参考にしております

chapter 5

飲食・サービス・ファッション系職業

ソムリエ

対話力　発想力　専門性　安定　外勤　内勤

「私がワインをお勧めするときは
あなたが恋をしたいと
思っているときです」

ソムリエ

おもてなし系ジョブの一つ。さまざまなワインに熟知し、料理に合う
ワインを提供する。別名「雰囲気の魔術師」。ソムリエによってもた
らされるレストランの演出は、一つの料理と考えられる。

●ソムリエとは

ソムリエの仕事は、レストランやホテルなど、ワインを提供しているお店でワインを給
仕することです。また、お客さまの趣味嗜好やその日の気分などを考慮しつつ、その日
その場にぴったり合ったワインをチョイスするのも仕事です。ワインの仕入れや価格交
渉、ワインセラーの在庫管理、リストの作成、サービス全般など幅広い業務を担当しま
す。フランス料理店やイタリア料理店、ホテル内のレストランやラウンジ、バーなどが
活躍の場となります。一般向けのワイン講習会の講師などをすることもあります。

ソムリエの平均給料・給与
30万円
20代の給料：15万円
30代の給料：25万円
40代の給料：40万円
初任給　　：0円～

ソムリエの平均給料・給与グラフ

40万円
15万円　　25万円

※給料の算出には求人や口コミ、厚生労働省の労働白書を参考にしております

●ソムリエになるには

ソムリエとして仕事をするのに資格は必須ではありませんが、取っておくべき資格はあります。日本ソムリエ協会が実施する「ソムリエ呼称資格認定試験」に合格しソムリエ資格を持っていると、飲食業への就職や昇級・昇格に有利になるといわれています。20歳以上で5年以上の実務経験など、受験するには条件があります。ワインは産地や品種、収穫時期、年代などにより実に多くの種類があります。ソムリエはそれらについて、専門的な知識を持っていることが基本となります。味はもちろんのこと、それぞれの個性、作り手のこだわり、料理との相性、取扱方法など、覚えるべきことはたくさんあります。嗅覚、味覚が優れていることはもちろんのこと、暗記力も必要です。また、ソムリエは接客業でもあるため、サービス精神やコミュニケーション能力も大切な資質となります。

●ソムリエのキャリアモデル

ソムリエは資格を取ったからといってそれで終わりではありません。プロは勉強のために自分でワインを購入して味を覚え、新しい情報を仕入れて知識を身につけるなど、常に努力をしています。ときにはワインの産地まで出向き、ワイナリー研修に参加したりすることもあります。ソムリエとして実力を認められれば、チーフソムリエなど社内で昇進することもできます。また、ソムリエのコンクールなどで優勝すれば、講師としての依頼や、ワインを使ったプロモーション企画への参加依頼が来るなど、仕事の幅が広がります。女性のソムリエ（ソムリエール）も増えてきています。お客さまのなかにはソムリエとの会話を楽しむために来店する人もいるほど、ソムリエはレストランにとって重要な役割を担っています。女性ならではの心配りや雰囲気作りが、顧客を増やすことにつながります。

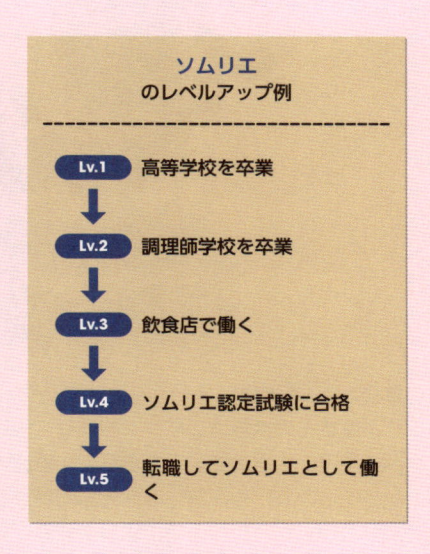

ソムリエ のレベルアップ例

- **Lv.1** 高等学校を卒業
- **Lv.2** 調理師学校を卒業
- **Lv.3** 飲食店で働く
- **Lv.4** ソムリエ認定試験に合格
- **Lv.5** 転職してソムリエとして働く

対話力　発想力　専門性　安定　外勤　内勤

パン屋さん

「人生の深みが増せば
クープの深みも増す」

パン屋さん
西洋の主食の一つ「パン」を製造するジョブ。スキル「バタール」は
小麦粉、パン酵母、塩、水、モルトだけで作る取得難易度の高いS級
スキル。別名「ブレッドナイト」。

●パン屋さんとは

パン屋さんの仕事は、パンを製造し、販売することです。街なかにある一般的なパン屋
さんでは、生地の仕込みから成型、焼成までを店舗で行います。仕事はハードで、早朝
から仕込みを始め、日中はほとんどが立ち仕事です。材料の配分や気温によって生地の
発酵の仕方が変わるので、経験や知識が問われます。また、常に新しい商品のアイディ
アなども求められます。商品を陳列、袋詰めし、レジや接客を行うのも仕事です。アル
バイトの場合、製造には携わらず販売のみを行うこともあります。

パン屋さんの平均給料・給与

20万円

- 20代の給料：20万円
- 30代の給料：23万円
- 40代の給料：24万円
- 初任給　　：14万円〜

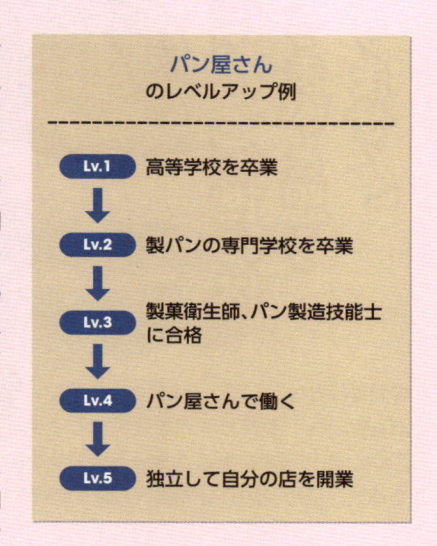

パン屋さんの
平均給料・給与グラフ

20万円　23万円　24万円

※給料の算出には求人や口コミ、厚生労働省の労働白書を参考にしております

●パン屋さんになるには

パン屋さんになるには、製パン学校で基礎を教わったり、独学で学んだり、パン屋さんで修業しながら技術を身につけるなど、方法は人それぞれです。個人商店のほか、食品メーカーやホテルなどのベーカリー部門に就職するか、独立して自分でパン店を営み製造・販売する道もあります。大きなパン工場をもつような大手製造企業では機械化が進み、分業制（ライン作業）となっていることが多いです。製造の場合、パン製造技能士の資格があると就職に有利といわれています。パン屋さんの従業員はアルバイトが多いですが、求人数は少ないものの正社員の募集もあります。未経験者なら17万〜20万円の給料で、経験者なら25万円前後で募集があります。年収は300万〜400万円となります。大手チェーン店の店長クラスで、年収は420万円程度になります。正社員の場合、大手チェーン店と小規模店で、あまり基本給には差がないようです。

●パン屋さんのキャリアモデル

大手のパン屋さんや、食品会社のベーカリー部門の正社員は給料は安定しますが、雇われている限り年収アップは難しく、自分の思う通りの理想のパンを作ることもなかなかできません。そのため、パン屋さんは独立開業する人も非常に多いです。工場製造では分業制となっており、パン作りの一連の作業手順を覚えることはできないので、個人店で3〜5年間の修業をするのが独立への近道といわれています。なかには、趣味でパン作りをしていた人がいきなり開業することもありますが、成功するのはごく一部のようです。開業するには店舗を構え、オーブンや道具なども揃えなければならないので、600万〜1500万円の開業資金が必要となるようです。フランチャイズでは300万円で開業支援を行っているところもあります。主婦が自宅で開業するパターンもあるようです。その場合は、都合にあわせて営業日を減らすなど自由です。

パン屋さんのレベルアップ例

- **Lv.1** 高等学校を卒業
- **Lv.2** 製パンの専門学校を卒業
- **Lv.3** 製菓衛生師、パン製造技能士に合格
- **Lv.4** パン屋さんで働く
- **Lv.5** 独立して自分の店を開業

対話力　発想力　専門性　安定　外勤　内勤

調理師

「万人がうまいという料理は、この世にはありません。でも万人がうまいと思う料理を提供しなければなりません」

調理師
食材を自在に操り、料理に変え、人々に笑顔をもたらす騎士。「和食」「イタリアン」「フレンチ」「中華」などの部隊があり、西洋料理の最高位は「シェフ」と呼ばれる。

●調理師とは
調理師とは、手作り料理を提供する店舗で働く、調理専門の職人です。フレンチ、中華、和食からラーメンまでいろいろなジャンルの料理店に勤めています。かつてはプロのお店で修業を積み、独立して個人経営の店を開くか、割烹や洋食屋などを渡り歩くものでしたが、現在は外食チェーンの厨房業務や企業の食堂など、幅広い領域で活躍しています。調理師は原則、国家資格を有する資格者が名乗れる名称で、一般的な料理人は資格がなくても問題ありません。企業で働く場合、調理師免許所有者限定とされることもあります。

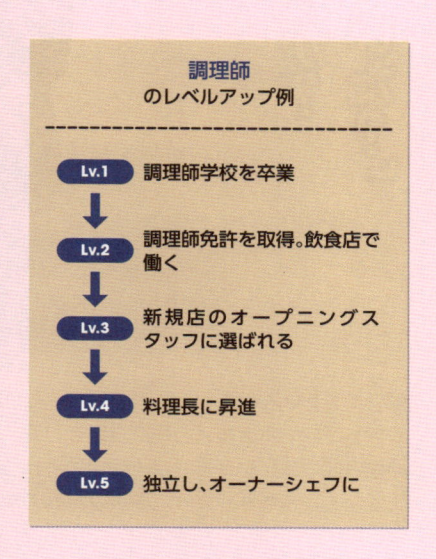

調理師の
平均給料・給与グラフ

23万円　27万円　28万円

20代　30代　40代

※給料の算出には求人や口コミ、厚生労働省の労働白書を参考にしております

●調理師になるには

調理師になるには、厚生労働大臣の指定する専門学校など調理師養成施設を卒業するか、2年以上の実務経験をへて国家試験に合格する方法があります。実技試験はなく筆記試験のみで、合格率は60〜70％となっています。試験そのものの難易度はそれほど高くありません。パートやアルバイトでも、調理師免許があると資格手当がつくこともあるようです。しかし資格を取ったからといって腕が認められるということはありません。調理師には、確かな調理技術や繊細な味覚など、多くの能力が必要となります。味はもちろんのこと、栄養面を考慮しながら料理の見た目にも気を配らなければなりません。以前は調理場は男の世界という風潮もありましたが、現在では女性の調理師もたくさんいます。女性ならではの感性や発想で作った料理が評判となることもあり、今後も活躍が期待されています。

●調理師のキャリアモデル

資格がなくても調理の仕事をすることはできるので、働く場合は経験も重視されるといいます。そのため、有名レストランなどで働くには、10代、20代の頃から厨房で修業を積み、専門性を高める必要があります。就職してすぐは、掃除や皿洗いなどから始まり、調理補助としてサラダやランチの仕込みなどの仕事をします。メインの料理を任せてもらうまで何年もかかることもあります。経験を積んで実力をつけ、オーナーやスタッフからの信頼が厚い人が、調理部門のトップである料理長へと昇格します。個人店などでは役職がない場合もありますが、専門性を深めて料理の質を高め、収益を上げていくことがキャリアアップの証明となります。飲食業界はハー

調理師
のレベルアップ例

- **Lv.1** 調理師学校を卒業
- **Lv.2** 調理師免許を取得。飲食店で働く
- **Lv.3** 新規店のオープニングスタッフに選ばれる
- **Lv.4** 料理長に昇進
- **Lv.5** 独立し、オーナーシェフに

ドな職場も多いのが現状です。ホテルのレストランなどは男性が多く、拘束時間の短い病院の食堂などでは女性の調理師が多いようです。

対話力 発想力 専門性 安定 外勤 内勤

ウエイトレス

「待ち人は来られましたか？
えっ♡……私を待っていた？」

ウエイトレス
注文取りなどを得意とする接客系ジョブの一つ。スキル「ジョッキ持ち」は運搬能力を飛躍的にアップさせる。特殊ウエイトレスの「メイド喫茶店員」「男装女子店員」などにもクラスチェンジが可能。

●ウエイトレスとは
レストランやホテル、各種飲食店などで、接客サービスを行うスタッフを指します。男性の場合はウエイターと呼び、職場によってはホールスタッフやフロアスタッフなどと呼称していることもあります。テーブルへの案内、メニューの説明、料理や飲み物の提供、食器の片付け、フロアの掃除やレジの対応などを行います。お客さまが食事を楽しめるよう、店全体に気を配り、心地の良い空間を演出するのもウエイトレスの仕事です。店によってはウエイトレスの制服にこだわったり、それを店の売りにしているところもあります。

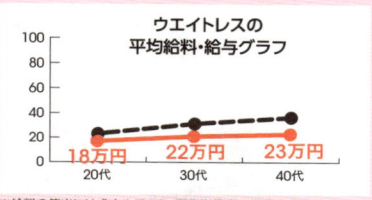

ウエイトレスの平均給料・給与	
20万円	
20代の給料：18万円	
30代の給料：22万円	
40代の給料：23万円	
初任給　　：16万円〜	

ウエイトレスの平均給料・給与グラフ

18万円　22万円　23万円

※給料の算出には求人や口コミ、厚生労働省の労働白書を参考にしております

●ウエイトレスの仕事の面白さ・向いている性格

ウエイドレスの仕事は、料理を給仕することだけではありません。プロのウエイトレスは、お客さまの顔や注文内容を瞬時に覚え、迅速なサービスを行いながらも料理を出すタイミングにも気を配り、心地の良い時間と空間を作り出します。お客さまと話した内容、料理の好みなども記憶し、次に来店したときにさりげないサービスを行うこともあるといいます。料理の味付けや素材についての知識も持ち合わせ、聞かれたときにすぐに答えられることも重要です。また、身のこなしや言葉遣い、礼儀作法などにも精通し、接客のプロとしての自覚が求められます。誰でもできると思われがちなウエイトレスですが、公平で質の高いサービスを提供するには経験と技術が必要であり、非常に奥が深い仕事です。体力があり、人と接することが好きで、向上心のある人が向いているといえます。

●ウエイトレスのキャリアモデル

有名ホテルなどでは、ウエイトレスはカフェでコーヒーや軽食を出す業務から始まり、経験を積んでレストランでメインの給仕をするようになり、お客さまを迎えて帰るまでのすべてのサービスを担当します。実力が認められれば「ヘッドウエイトレス」となり、調理場とホールの状況を把握し、サービス全般に気を配ります。また、上顧客や貸し切りパーティーなどの給仕も担当します。そして「マネージャー」となり、レストラン運営に関してすべての責任を負う立場となります。こうしたキャリアモデルは正社員であることが前提です。ファミレスのアルバイトなどの場合は、バイト全体をまとめるリーダーとなることもありますが、多少時給が上がる程度で、あまり待遇に差はありません。正社員登用されて店長となったり、自分で飲食店を開業したりすれば、収入を上げることができます。

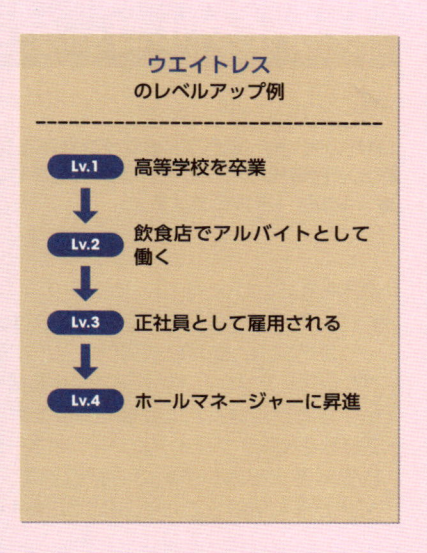

**ウエイトレス
のレベルアップ例**

- **Lv.1** 高等学校を卒業
- **Lv.2** 飲食店でアルバイトとして働く
- **Lv.3** 正社員として雇用される
- **Lv.4** ホールマネージャーに昇進

対話力　発想力　専門性　安定　外勤　内勤

給食センター職員

「魔法の調味料は子どもたちへの愛情」

給食センター職員

大きな釜や巨大ヘラを駆使し、栄養満点の回復系料理を作る。スキル「かきまぜ」は煮込みや火通しの調節をし、食材の栄養価を引き出す。

子どもたちの給食を作ります。正社員として働くには調理師資格が必要なところもありますが、パート社員も多く、資格が不要なところもあります。衛生面に気を配りながら、手早く大量の食材を調理しなければならず、大きな寸胴鍋を抱えたり、牛乳ケースを持ち上げるなど力仕事もあるため、体力も必須。40歳以上の女性が多く働く職場であり、円滑な人間関係を築くことができる人が向いています。正社員の場合は月給18万〜30万円、パートの場合は時給700〜1000円が相場です。

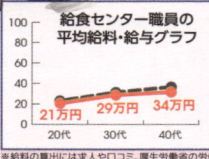

給食センター職員の平均給料・給与

29万円

20代の給料：21万円
30代の給料：29万円
40代の給料：34万円
初任給　　：16万円

給食センター職員の平均給料・給与グラフ

21万円　29万円　34万円

20代　30代　40代

※給料の算出には求人や口コミ、厚生労働省の労働白書を参考にしております

対話力　発想力　専門性　安定　外勤　内勤

ブライダルコーディネーター

ブライダルコーディネーター

「婚姻の儀」や「蜜月旅」のプランを作るジョブ。膨大な結婚式のバリエーション知識をもつ。必須スキルは「ホスピタリティ」。

「結婚とは、苦しみは半分に喜びは倍になるものです」

挙式を考えるカップルに、披露宴のアドバイスやパーティーの企画などを提案します。ホテルや結婚式場、式場斡旋専門会社、規模の大きなレストランなどが勤務先で、接客業やホテル管理者業務など、他業種でプランナーとして経験を積み、ブライダルコーディネーターとして転職する人が多いのも特徴です。20〜30代が多く活躍しており、40代以降は老舗ホテルや結婚式場の専属として働いているようです。9割近くが女性という職業であり、女性ならではの感性や経験の活かせる仕事です。

ブライダルコーディネーターの平均給料給与

25万円

20代の給料：23万円
30代の給料：28万円
40代の給料：30万円
初任給　　：20万円〜

ブライダルコーディネーターの平均給料・給与グラフ

23万円　28万円　30万円

20代　30代　40代

※給料の算出には求人や口コミ、厚生労働省の労働白書を参考にしております

対話力 | 発想力 | 専門性 | 安定 | 外勤 | 内勤

パティシエ

「スイーツを愛するよりも誠実な愛は、この世にあるのかしら?」

パティシエ

ナイツオブクックの一人。アイテム「洋菓子」を精製する騎士。味と美しさの表現能力が必須。「シュヴァリエ」は最高位の称号だ。

ホテルやレストラン、製菓店などで、お菓子の素材選びから調理、デコレーションまで全工程を担当するのがパティシエの仕事です。そのほか掃除や材料の発注、道具の準備や洗浄、お菓子の梱包や発送、接客まで業務は多岐にわたります。イベントやクリスマスの時期は朝の5時から仕込みに入り、夜遅くまで仕事をすることも。力仕事も多いですが、女性だからといって特別扱いはされません。女性は感性が豊かで繊細な作業が得意な人も多く、パティシエの仕事は向いているといえます。

パティシエの平均給料・給与
23万円
20代の給料:20万円
30代の給料:23万円
40代の給料:24万円
初任給 :15万円〜

パティシエの平均給料・給与グラフ

20万円 23万円 24万円

20代 30代 40代

※給料の算出には求人や口コミ、厚生労働省の労働白書を参考にしております

対話力 | 発想力 | 専門性 | 安定 | 外勤 | 内勤

フードコーディネーター

フードコーディネーター

食をトータルでコンサルするジョブ。魔法的スキル「シズル」が発動すると、すべての食物が美味しく見えるようになるとか。

「生きるために食べる?食のために生きたっていいじゃない」

フードコーディネーターは「食」に関するプロデュースやコーディネートをするのが仕事です。食品メーカーや外食産業でのマーケティングや商品開発、販売企画立案、レストランのプロデュースなど、フードビジネスすべてに関わります。雑誌などで料理を美味しく見えるようにスタイリングするのも仕事の一つです。食品メーカーの商品開発部や料理教室、制作会社などに勤務する人が多いですが、まだ新しい職業であり、これから活躍の場はどんどん広がると予想されます。

フードコーディネーターの平均給料給与
22万円
20代の給料:15万円
30代の給料:20万円
40代の給料:30万円
初任給 :15万円〜

フードコーディネーターの平均給料・給与グラフ

15万円 20万円 30万円

20代 30代 40代

※給料の算出には求人や口コミ、厚生労働省の労働白書を参考にしております

対話力 発想力 専門性 安定 外勤 内勤

バスガイド

「巧みな話術で攻め 運転手の死角『左』を守る」

バスガイド
観光スポットや地域の歴史を紹介する接客系ジョブ。「ツアーガイド」へクラスアップも。バスの雰囲気に＋補正をかける特殊スキル「歌」やバス運転手との連携スキル「時間通り」は見ものである。

● バスガイドとは
バスガイドは、観光バスや貸切バスに乗車して、観光地の情報を提供したり、車窓から見える景色について案内したりと、バスの乗客が楽しく快適に旅を過ごせるようにするのが仕事です。カラオケやゲームなどで車内を盛り上げることもあります。ツアー旅行の時間調整や管理などの業務に加え、安全運行のため運転手をサポートする車掌業務も重要な仕事となります。各私鉄のバス会社、観光バス会社、都道府県の交通局などが活躍の場となります。正社員のほか、最近では派遣ガイドとして働くケースもあります。

バスガイドの平均給料・給与

25万円

- 20代の給料：15万円
- 30代の給料：25万円
- 40代の給料：30万円
- 初任給　　：10万円〜

バスガイドの平均給料・給与グラフ

※給料の算出には求人や口コミ、厚生労働省の労働白書を参考にしております

●バスガイドの仕事の面白さ・向いている性格

乗務中は動くバスのなかでほとんど立ちっぱなしの状態で、案内アナウンスやスケジュール調整、余興などさまざまな業務をこなさなければならず、常に気を張っていなければなりません。ときには観光地を歩いて案内することもあり、体力がなければ務まりません。また、お客さまへの気配りも大切な業務となるため、コミュニケーション能力があり、サービス精神が旺盛な人が向いています。大変な仕事ですが、たくさんの人との出会いがあり、人との触れ合いが好きな人にはたまらない仕事です。バスガイドの対応次第で旅が良い思い出となることもあるので、明るい人柄であることや、アクシデントにも冷静に対処できる人が望まれます。特に資格は必要ありませんが、語学力を証明するTOEICや、全国各地の商工会議所が実施しているご当地検定などを持っていると就職にやや有利となるようです。学歴は「高卒以上」を条件にしている会社が多いです。

●バスガイドのキャリアモデル

バスガイドの研修では、数百ページにも及ぶ教本などで観光情報やバスガイドの仕事の基本を覚えます。トーク術や場を盛り上げるテクニックなどは実際に乗務しなければ身につかないため、何年もかけてバスガイドとしての技術を習得していきます。一人前のバスガイドになるには、3〜5年の経験が必要だといわれています。バス会社に正社員として就職するのが一般的ですが、繁忙期のみアルバイトとして働くといった働き方が選べる職場もあります。アルバイトの場合、給料は日給制で5000〜1万5000円が相場となります。有名なはとバスでは、バスガイドは「指導ガイド」「班長」「指導主任」「専門課長」などの職制があり、キャリアアップしていくことが

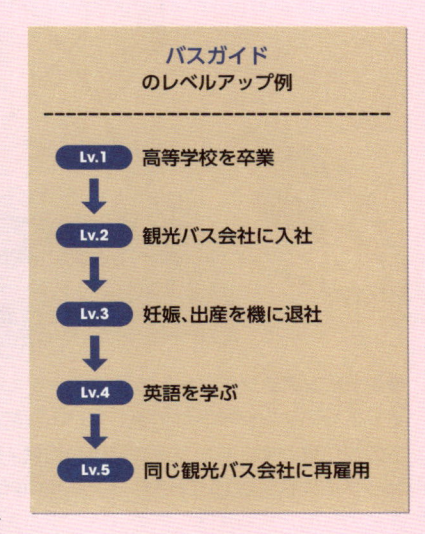

バスガイドのレベルアップ例

- **Lv.1** 高等学校を卒業
- **Lv.2** 観光バス会社に入社
- **Lv.3** 妊娠、出産を機に退社
- **Lv.4** 英語を学ぶ
- **Lv.5** 同じ観光バス会社に再雇用

できます。出産や子育てで辞めてしまった人でも、3年以上バスガイドとしての経験があれば、再就職しやすいといわれています。

対話力　発想力　専門性　安定　外勤　内勤

キャビンアテンダント

「エレガンスな振る舞いは、空の上でほどよい距離感を保つ」

キャビンアテンダント

異名「成層圏の天使」。快適な空の旅の提供や保安業務を行い、乗客を全面的にサポートする。呪文「アテンションプリーズ」はCAだけに許された注目を集めるための花形魔法である。

●キャビンアテンダントとは

キャビンアテンダントは搭乗している乗客に対して、おもに機内サービスや保安管理を行うのが仕事です。ドリンクや食事の提供、注意事項の説明、毛布の配布、乗客のさまざまなリクエストにも対応するなど、業務内容は多岐にわたります。急病人、ハイジャック、天候の悪化、緊急着陸などのトラブルが発生した場合、冷静に対処するのも仕事となります。1日に数回フライトをこなすこともあります。安全かつ快適なフライトを提供するために、パイロットやほかのキャビンアテンダントとのチームプレーが要求されます。

キャビンアテンダントの1日

7:00	羽田空港へ出社。ショウアップ
8:00	ブリーフィング。機内準備。出発
10:40	地方空港到着。お見送りや忘れ物の確認
11:30	出発：さらに一往復して羽田を出発
15:00	地方空港到着。お見送りや忘れ物の確認。ブリーフィング
16:00	ホテル到着

※ショウアップ:乗務員全員が集合し、準備すること　※ブリーフィング:簡単な作業報告や確認のこと

●キャビンアテンダントになるには

キャビンアテンダントになるには、大手航空会社の場合、専門学校卒以上の学歴が必要となります。採用は倍率100倍ともいわれ、TOEICのスコアや中国語の能力、視力、年齢などの条件があります。身長の規定はありませんが、収納棚に届く高さの160センチ前後あれば問題ありません。キャビンアテンダントの平均年収は大手航空会社で600万円前後、全体の平均は470万円です。キャビンアテンダントはサービスやコミュニケーションに関して高い能力が要求され、空という逃げ場のない場所で危機的状況にも冷静に行動するなど、判断力も求められます。その分、研修など人材育成にも時間をかけるため、給料は地上で働くスタッフよりも高めに設定されています。しかし、LCCなど新興航空会社では非正規雇用のキャビンアテンダントも多く、年収は300万円前後という人もいるようです。

●キャビンアテンダントの国内線と国際線の給料の違い

国内線と国際線では、キャビンアテンダントの基本給はほとんど変わらないといわれています。しかし、国際線のほうがフライトによっては長時間拘束されるため、変則勤務手当などが多くつき、結果的にやや給料が高くなる、ということはあるようです。また、国際線では機内食の提供など、国内線にはないサービスを行うこともあります。一般的に、キャビンアテンダントは国内線を数年経験してから、国際線へと異動します。逆のパターンはあまりないようです。国際線のキャビンアテンダントが国内線のフライトにヘルプで入ることはあっても、国内線のスタッフが国際線のヘルプとして出向することはありません。国内線、国際線と待遇や地位に差はありませんが、国際線のほうがいわゆる「CAの花形」であるため、髪型やスカーフの巻き方などで差をつけようとしていた時代もあるようです。

●キャビンアテンダントのキャリアモデル

以前はANAやJALなどの大手航空会社でも、キャビンアテンダントは最初の3年間は契約社員として雇用していました。しかし、ANAが2014年にキャビンアテンダントの正社員化を打ち出し、現在はANAとJAL両社ともキャビンアテンダントの新卒での正社員採用を行っています。最初の2～4か月間が研修期間となり、保安研修や接客研修などを受けてOJTが始まります。国内線からキャリアをスタートし、1～2年ほどで国際線乗務の資格を取得したあとは、国内線と国際線の両方に乗務します。担当できるクラスもエコノミークラスのみ、ビジネスクラスまで、ファーストクラスまでと増えていきます。同時に、組織をまとめ人を育てる役割も担って

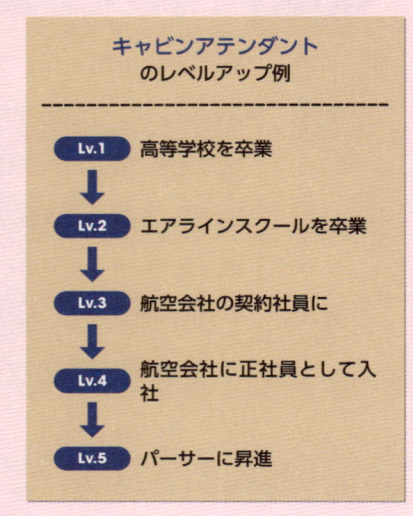

いきます。会社によって「リードアテンダント」「チーフパーサー」「チーフキャビンアテンダント」などと呼ばれるフライトの責任者へと昇格していきます。

●キャビンアテンダントから転職するなら

キャビンアテンダントは体力的にハードな職業であり、時間も不規則な勤務となるため、年齢を重ねるにつれて限界を感じ、辞める人も多いといいます。出産や育児休暇はきちんと取れるところが多いのですが、やはり家を空ける時間が長い仕事ということで、家族との時間を大切にしたいと考え転職する人もいます。キャビンアテンダントとして培ったコミュニケーション能力や、サービス、マナー、グローバルなホスピタリティや語学力などは、他業種でも十分活かすことができます。特に、時間管理などの業務に長けている人は、社長や役員秘書などの仕事に転職することもできます。また、法人営業や広報など、人に対応しアピールする仕事も向いているといえます。ビジネスマナーや会話術を教える講師などの仕事も、キャビンアテンダントとしての能力を発揮できる職場といえます。

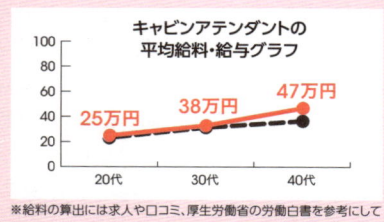

※給料の算出には求人や口コミ、厚生労働省の労働白書を参考にしております

対話力 　発想力 　専門性 　安定 　外勤 　内勤

パタンナー

「1ミリの誤差も妥協せず幻想を実体にしてみせます」

パタンナー

人型専用の型紙「パターン」を作るジョブ。別名「現代の式神使い」。型紙に魂を注入し、生きた型を作る。立体式神の作成も可能。

デザイナーの考えたラフをもとに型紙を起こして、量産するための生地の裁断パターンを作ります。生地や縫製技術など、服飾全般に関する知識が必要で、デザインの意図を的確に表現し、機能性も考慮したパターンメイキングが求められます。服飾専門学校や大学で平面作図と立体裁断の基礎や知識を学び、アパレルメーカーに就職して、アシスタントとして仕事を学び、経験を積んで一人前のパタンナーとなります。フリーのパタンナーとして活躍することもできます。

パタンナーの平均給料・給与
32万円
20代の給料：24万円
30代の給料：32万円
40代の給料：38万円
初任給　　：18万円

パタンナーの平均給料・給与グラフ

24万円　32万円　38万円

20代　30代　40代

※給料の算出には求人や口コミ、厚生労働省の労働白書を参考にしております

対話力 　発想力 　専門性 　安定 　外勤 　内勤

ファッションデザイナー

ファッションデザイナー

「美しき三銃士」の一人。担当は「FASHION」。「鉛筆レイピア」で作られたデザイン画が具現化すると、世界に影響を及ぼすことも。

「誰にも流されてはいけない。私自身が流行になるの」

ファッションデザイナーの仕事は、注文に合わせた服を作る「オートクチュール」と、既製服を作る「プレタポルテ」に分かれます。アパレルメーカーに就職し、営業、企画をへて、デザイナーのアシスタントとなるほか、小規模事業者のプライベートブランドやファストファッション系のデザイナーになる道などがあります。商社や縫製工場など勤務先には関連企業が多いので、自分に合った就職先を選ぶのが重要です。経験と実績が重視されるので、30〜40代が活躍しています。

ファッションデザイナーの平均給料給与
31万円
20代の給料：20万円
30代の給料：26万円
40代の給料：37万円
初任給　　：18万円

ファッションデザイナーの平均給料・給与グラフ

20万円　26万円　37万円

20代　30代　40代

※給料の算出には求人や口コミ、厚生労働省の労働白書を参考にしております

対話力 発想力 専門性 安定 外勤 内勤

美容師

「ヘアスタイルも心も軽くするのがカリスマの条件である」

美容師
カット系スキルやパーマで美しい髪を精製する。上級職は「カリスマ」と呼ばれ、「ストロークカット」などを習得。最新スキル「ヘッドスパ」は美しさに癒やし補正をかける。

●美容師とは

美容師は、カットやカラー、パーマなどを駆使し、お客さまが希望するヘアスタイルに仕上げるのが仕事です。勤務する店によって、ネイルやエステ、ヘッドスパなどのメニューを行うこともあります。人それぞれ頭の形や髪質が異なるので、その人に合ったヘアスタイルを創り上げなければなりません。お客さまと会話をすることも多いので、コミュニケーション能力も重要です。流行の髪型や新しい技術、道具、液剤などにも精通しておく必要があり、情報収集能力など技術力だけではなくさまざまな能力が求められます。

美容師の平均給料・給与
25万円
20代の給料：25万円
30代の給料：30万円
40代の給料：37万円
初任給　　：13万円〜

美容師の
平均給料・給与グラフ

25万円　30万円　37万円

※給料の算出には求人や口コミ、厚生労働省の労働白書を参考にしております

●美容師になるには

美容師になるには厚生労働省指定の美容学校に通い、国家試験の受験資格を得なければなりません。昼間部、夜間部だと2年、通信課程だと3年間通うことになります。卒業したからといって資格が取得できるわけではなく、国家試験に合格しなければ美容師免許は交付されません。筆記と実技があり、春と秋の年2回開催されています。美容師の仕事は慣れるまで大変です。初めは、毎日の営業が終わってから遅くまでカットの練習をしたり、休みの日も講習会などに行って勉強しなければなりません。しかし、厳しい修業時代を耐えてスタイリストとなり、初めてお客さまの髪をカットしたときに美容師という仕事の面白さを実感するといいます。自分が考えたデザインやスタイルを気に入ってくれたお客さまが笑顔になり、そしてリピーターになるというのは、非常にモチベーションが上がります。

●美容師のキャリアモデル

美容師は雑用やシャンプーのみの「アシスタント（見習い）」から始まります。アシスタントの給料は月給13万〜17万円といわれており、年収は250万円前後です。カットに慣れ、お客さまを任されるようになると、1年〜3年で「スタイリスト」になります。スタイリストの月給は18万〜25万円、年収は280万〜400万円です。そしてスタイリストとして経験を積み、勤続10年前後で「トップスタイリスト」となります。トップスタイリストの給料は月給25万〜35万円、年収は400万〜560万円となります。都内の超有名店などでは、トップスタイリストになると月給50万円以上もらえる店もあるといわれています。芸能人を担当したり、雑誌やテレビに

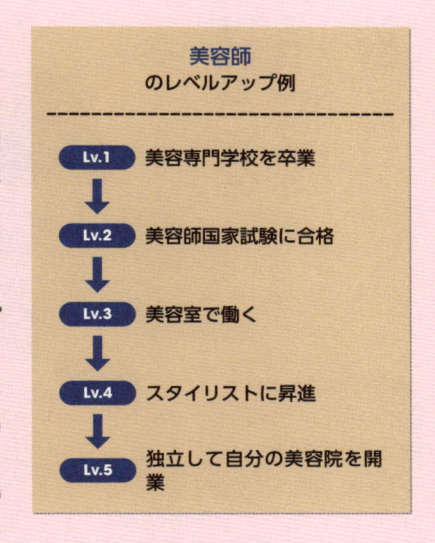

美容師
のレベルアップ例

Lv.1　美容専門学校を卒業

Lv.2　美容師国家試験に合格

Lv.3　美容室で働く

Lv.4　スタイリストに昇進

Lv.5　独立して自分の美容院を開業

登場するような有名トップスタイリストになると、年収1000万円にもなるそうです。最終的に店長となると、年収は560万〜800万円となります。

対話力 発想力 専門性 安定 外勤 内勤

アイリスト

「愛する人のまつげを愛することのできない者は、本当に愛していると言えるのだろうか」

アイリスト

接近型美容系ジョブ。忍術「まつげエクステ」を駆使し、女性のまつげをフサフサにする。別名「美容忍者」。スキル「つけ放題60分」は、かなりの本数のまつげを植え付けることができる。

●アイリストとは

アイリストとは、まつげケアを専門とする技術者を指します。まつげエクステンション（まつエク）を中心とし、まつげパーマ、まつげカール、まつげカラーなどの施術があります。まつげエクステンションとは、まつげの根元から1〜2ミリのところに専用の接着剤（グルー）や専用両面テープをつけ、人工毛を貼り付けて植毛し、まつげ全体をボリュームアップさせる美容施術です。まつげエクステンションを行うには、美容師でなければならないため、アイリストは美容師免許を持っていることが必須となります。

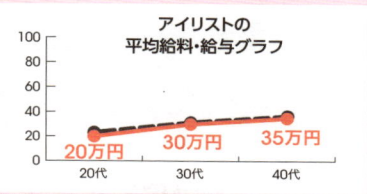

アイリストの平均給料・給与
28万円
20代の給料：20万円
30代の給料：30万円
40代の給料：35万円
初任給　：16万円～

アイリストの平均給料・給与グラフ

20万円　30万円　35万円

※給料の算出には求人や口コミ、厚生労働省の労働白書を参考にしております

●アイリストの仕事の面白さ・向いている性格

アイリストになるには、美容専門学校に通い、美容師免許を取得しなければなりません。しかし、美容学校ではヘアメイクの技術を中心に学ぶため、アイリストとしての高度な技術を身につけることは難しいのが現状です。プロのアイリストになるには、美容師免許を取得後、美容院やまつげエクステンション専用サロンなどに就職し、それからアイリストとしての知識と技術を学ぶ必要があります。なかには、アイリスト候補としてサロンに勤めながら、その傍ら美容学校に通って美容師免許取得を目指す人もいます。アイリストとしての技量を証明する民間資格もいくつかあります。まつげエクステンションにはミンクやシルクなどの素材があり、つけ方、つける本数や多くのデザインがあります。それらの技術と知識を正しく身につけなければ、プロのアイリストにはなれません。また、コミュニケーション能力も必要となります。

●アイリストのキャリアモデル

まつげエクステンションは2000年代以降に日本に入ってきた比較的新しい美容施術で、最近女性を中心に認知度が上がってきました。まつげエクステンションやまつげケアを専門に行うサロンなどの数も増えており、これからますますアイリストの需要が増すことが予想されます。アイリストは美容師免許が必須のため、「アイリスト以外の仕事も並行できる」というのも大きな魅力です。美容師としてサロンに勤めたり、ヘアメイクとして仕事をしたりしながらアイリストの仕事もすることができます。アイリストの年収は、勤めているサロンによって変わってきます。月給＋歩合制をとっている店、完全歩合制の店も多くあり、自分の頑張りによって指名してく

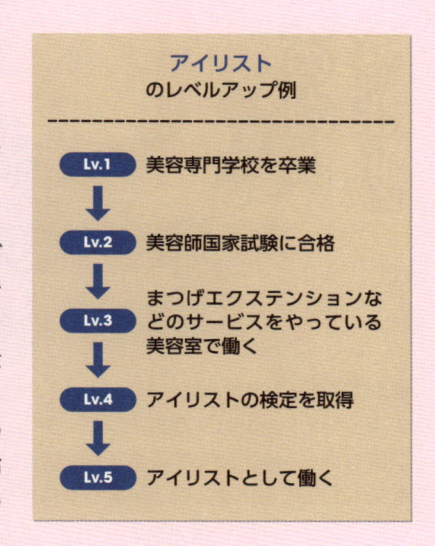

アイリストのレベルアップ例

- **Lv.1** 美容専門学校を卒業
- **Lv.2** 美容師国家試験に合格
- **Lv.3** まつげエクステンションなどのサービスをやっている美容室で働く
- **Lv.4** アイリストの検定を取得
- **Lv.5** アイリストとして働く

れる顧客を増やして、年収をアップさせることが可能です。腕が評判になり、顧客がつけば、将来的に独立することも可能となります。

対話力 発想力 専門性 安定 外勤 内勤

エステティシャン

「ゴッドハンドに宿りし美の力よ
セルライトをデトックスせよ！」

エステティシャン
手技を使い人体の悩みを解決するジョブ。とろみを帯びた柔らかなオーラをまとい、人体に心地よい拳を打ち込む。「脱毛」「フェイシャルリフト」などの多彩な美技スキルを持ち、「美道家」と称される。

●エステティシャンとは

エステティシャンは、痩身、脱毛、美白、リラクゼーションなど、全身美容を手がけるプロフェッショナルです。ボディケア、フェイシャルトリートメントなど専門的な技術を持って施術します。美しい肌や身体を保つには精神的な要素も重要となるため、丁寧なカウンセリングも行います。お客さまの体の悩みや要望を聞き取り、それに応じたボディケアなどを行います。ホームケアや栄養面でのアドバイスを行うこともあります。最近ではネイリストやヘアデザイナーとの兼業のケースも増えています。

エステティシャンの平均給料・給与		

22万円

20代の給料：19万円
30代の給料：23万円
40代の給料：24万円
初任給　　：18万円

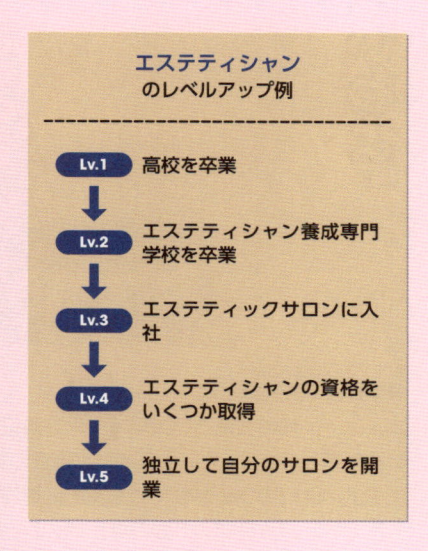

エステティシャンの
平均給料・給与グラフ

19万円　23万円　24万円

※給料の算出には求人や口コミ、厚生労働省の労働白書を参考にしております

●エステティシャンになるには

エステティシャンになるには、美容学校や化粧品メーカーの提携スクール、大手エステティックサロン直営のスクールなどで学び、エステティックサロンに就職するのが一般的です。ほかには、リラクゼーションサロン、ブライダルサロン、化粧品メーカー、ホテル内サロン、美容室などで働くケースもあります。病院やリゾート施設でも需要があるといいます。資格がなくてもエステティシャンとなれますが、民間資格やサロンの認定資格などを持っていると、信頼度が高くなります。エステティシャンは技術が重要な仕事ではありますが、基本的には接客が業務の中心となるため、コミュニケーション能力がある人やサービス精神旺盛な人が向いているといえます。お客さまにリラックスしてもらい気持ち良く施術を受けてもらうため、明るい人柄や物腰の柔らかさ、細やかな気配りなども求められます。

●エステティシャンのキャリアモデル

エステ業界では多種多様な施術が誕生しているので、エステティシャンとして働きながらも新技術や知識を取り入れ、勉強し続けなければなりません。大手エステティックサロンでは、アシスタントから始まり、キャストやスタッフとして経験を積みながら、セラピストやカウンセラーなどをへて、後進を指導するトレーナーやマネージャーへとキャリアアップしていきます。基本給＋歩合給という制度を取り入れているところも多く、技術力や接客能力次第で給料をアップさせることができます。しかし、店舗によっては売上目標が重視されるためノルマが厳しく、転職する人も多いといいます。顧客ができれば独立してフリーとなり活動することもできます。芸

エステティシャンのレベルアップ例
Lv.1 高校を卒業
↓
Lv.2 エステティシャン養成専門学校を卒業
↓
Lv.3 エステティックサロンに入社
↓
Lv.4 エステティシャンの資格をいくつか取得
↓
Lv.5 独立して自分のサロンを開業

能人や著名人を顧客に持てば、年収1000万円も可能だといわれています。また、アロマセラピストや美容部員などに転職する人もいます。

対話力 発想力 専門性 安定 外勤 内勤

美容整形外科医

「可愛いは盛れるけど内面の可愛さは盛れないわよ」

美容整形外科医
「美しさ」「美意識」を絶対的な価値観に置き、人間の外見を改善する手術を得意とする医術職。「若返り」「豊胸」「小顔」など、そのスキルは多岐にわたる。医師免許以外にも精密さや美的感覚も必須。

●美容整形外科医とは
本来は、人体の機能上の欠陥や変形の矯正や、失われた部位などを外科手術で矯正する外科医を指していました。近年では美意識の変化に応じて、外傷がなくても手術を行います。機能的には何の支障がなくても美的に形成して負担の除去、軽減をする美容を目的とした医療です。医療機関のなかでは形成外科と区別される外科学の一分野として認知されています。独立開業した事業形態が非常に多いのが特徴。公的保険がきかない自由診療のために手術費用は高額で、美容整形外科医は医師のなかでも平均収入が高くなっています。

美容整形外科医の平均給料・給与

140万円

20代の給料：45万円
30代の給料：80万円
40代の給料：166万円
初任給　　：36万円〜

美容整形外科医の
平均給料・給与グラフ

45万円　80万円　166万円

20代　30代　40代

※給料の算出には求人や口コミ、厚生労働省の労働白書を参考にしております

●美容整形外科医になるには

医師になるためには、大学の医学部か医科大学を卒業し、医師国家試験に合格しなければなりません。医学部では内科、外科、整形外科、精神科など一通りの分野を学び、そこから専門を見つけていきます。美容整形外科医になるには、形成外科を専攻し、そこからさらに美容外科の分野を深めて専門とするパターンと、他科で一般的な総合診療や手術を経験してから美容外科へと転向するパターンがあります。良い美容整形外科医を目指すなら、形成外科はもちろんのこと、患者の緊急事態にも対応できるように、麻酔科や救急科で数年は学んだほうがいいという話もあります。美容を目的として健康な人にメスを入れることになるため、責任は重大です。医学の知識、美容外科の専門的な技術、そして美的センスなども重視されます。新しい情報を入手し、技術や施術に対応する努力も必要です。

●美容整形外科医のキャリアモデル

美容外科クリニックなどに就職し、美容整形外科医となった場合、年収は1500万円前後になるといわれています。大きなクリニックでは経験や実績に応じて昇給したり、役職がつくこともあります。夜勤がないなどメリットもあり、女性医師も増えています。しかし、雇われている限り、年収が跳ね上がるということはありません。美容整形外科医の多くが独立開業を目指しているといわれています。これは、美容外科の世界では自由診療を行うことができるため、診療報酬が高額となり、その分オーナー兼医師の収入が増えるからです。マスメディアに頻繁に登場したり、大手美容クリニックの経営者クラスの医師では、年収は4000万円以上になるともいわれ

美容整形外科医
のレベルアップ例

Lv.1　大学の医学部を卒業

Lv.2　医師国家試験に合格

Lv.3　研修医として働く

Lv.4　美容整形系の病院に就職

Lv.5　独立して美容クリニックを開業

ています。ただし、景気動向に左右されやすく、全国的に美容クリニックも増えているため、年収は毎年変動するようです。

対話力 発想力 専門性 安定 外勤 内勤

リフレクソロジスト

「揉んで、押して、伸ばす。
そして最後にじっくり考えるのです」

リフレクソロジスト
癒やし療法系ジョブ。「反射学」をもとに構築された民間療法。足裏を刺激し特定の部位へ疲労改善を与える。足裏に詳しいことから「足裏の僧侶」と呼ばれることも。スキル「台湾式」「英国式」がある。

●リフレクソロジストとは

リフレクソロジストの仕事は、足の裏や手のひらにある「反射区」に、手指を使って刺激を与えることで、血液やリンパの流れを良くして、身体の調子を整える民間施術を行うことです。反射区とは、内臓など体の器官の状態を反映している場所として考えられています。反射区を独特な指使いで刺激することで、自然治癒力が正常に働き、肩こりや頭痛、肌荒れや冷え症などが改善するといわれており、疲労回復やリラクゼーションの効果も高いといわれています。英国式、台湾式などさまざまな種類があります。

リフレクソロジストの平均給料・給与
22万円
20代の給料：20万円
30代の給料：22万円
40代の給料：24万円
初任給　　：17万円〜

リフレクソロジストの平均給料・給与グラフ

20万円　22万円　24万円

※給料の算出には求人や口コミ、厚生労働省の労働白書を参考にしております

●リフレクソロジストの活躍の場

リフレクソロジストは、エステサロンやリラクゼーションサロン、スパやリゾート、ストレッチサロン、整体院やフィットネスジムなど、多くの場所で働いています。また、老人福祉施設などでも民間施術としてリフレクソロジーを取り入れているところもあるそうです。企業によってはリフレクソロジストのことを「セラピスト」などと呼んでいることもあります。リフレクソロジストは公的な資格ではないため、どこの企業でも同じ施術をするとは限りません。足裏などへの刺激を専門に行う店舗もあれば、ハンドマッサージを中心に行っている店舗、ストレッチや整体、骨盤矯正を行っている店舗などもあります。アロマなどを扱っている女性客が中心の店舗もあれば、全身ストレッチを行うような男女問わずターゲットにしている店舗もあります。リフレクソロジストは医療職や美容業ではなく、あくまでも「サービス業」として分類されるようです。

●リフレクソロジストのキャリアモデル

リフレクソロジストは正社員の場合、月給20万〜23万円が相場となっています。歩合がつくところもあり、頑張り次第で給料は上がるようです。完全歩合制のところでも良くて月収35万円、かなり頑張ったとしても月収50万円が限度のようです。年収500万〜600万円になれば、リフレクソロジストとしてはかなりの高給取りといえます。アルバイトの場合、時給は850〜1500円と幅があります。900〜1000円が一番求人が多い価格帯です。地方よりも都心のほうが時給が高い傾向があるようです。年収1000万円以上を稼ぐリフレクソロジストは、リフレクソロジーだけではなく、ネイルやエステなど、そのほかの技能もプラスしたサロンを開いて成功しているようです。「リフレクソロジスト」という肩書だけで名前が有名な人は、日本ではまだほとんどいないのが現状のようです。

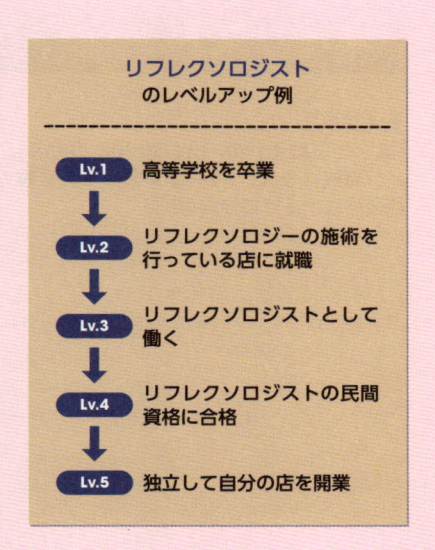

リフレクソロジストのレベルアップ例

- **Lv.1** 高等学校を卒業
- **Lv.2** リフレクソロジーの施術を行っている店に就職
- **Lv.3** リフレクソロジストとして働く
- **Lv.4** リフレクソロジストの民間資格に合格
- **Lv.5** 独立して自分の店を開業

>> Aroma Therapist

アロマセラピスト

対話力 | 発想力 | 専門性 | 安定 | 外勤 | 内勤

「香りの力は無限大。免疫力も恋愛力も上がります」

アロマセラピスト

現代のウィッチ。薬草や果物から「油」を抽出し、香水などの「状態回復アイテム」を精製する。魔女の作りしアイテムは、人の心を癒やす。

オイルの芳香成分が持っている薬理作用を使って、心の病気などの治療をする、芳香療法であるアロマセラピーを行う専門家です。アロマセラピーの施術を行い、精神的ダメージや身体的疲労を抱えた人を癒やし、リフレッシュさせるのが仕事です。資格は必須ではありませんが、能力の証明や信頼を得るために、アロマセラピストの各種検定を取得する必要はあります。心理学や解剖生理学の知識があると有利でしょう。アロマサロンやアロマ講師として活躍できます。

アロマセラピストの平均給料・給与
23万円
20代の給料：17万円
30代の給料：23万円
40代の給料：27万円
初任給　　：12万円〜

アロマセラピストの平均給料・給与グラフ

17万円　23万円　27万円
20代　30代　40代

※給料の算出には求人や口コミ、厚生労働省の労働白書を参考にしております

>> Manicurist

ネイリスト

対話力 | 発想力 | 専門性 | 安定 | 外勤 | 内勤

ネイリスト

「美しき三銃士」の一人。担当は「NAIL」。デザイン魔法「ラメ」「マーブル」とヤスリ技で爪を芸術品に仕上げる赤魔導師。

「美意識は爪に出る。生き方は手に出る」

ネイリストは、爪のケアやカラーリング、ジェルネイル、つけ爪などのネイルアートをする専門家です。ネイリストになるにはスクールに通うのが一般的で、スクール系列のネイルサロンのほか、エステティックサロンや美容院、ブライダル業界などで働きます。技術も重要ですが、大切なのはコミュニケーション能力です。施術の時間は30分〜2時間と長く、会話を上手に引き出し、リラックスした時間と空間を演出することがリピーター獲得の鍵となります。

ネイリストの平均給料・給与
22万円
20代の給料：20万円
30代の給料：27万円
40代の給料：20万円
初任給　　：18万円

ネイリストの平均給料・給与グラフ

20万円　27万円　20万円
20代　30代　40代

※給料の算出には求人や口コミ、厚生労働省の労働白書を参考にしております

対話力 発想力 専門性 安定 外勤 内勤

トリマー

「毛刈りハーベストでモフモフ祭り！」

トリマー

ペットの毛を整える刈り込み系ジョブ。スキル「トリミング」は、ペットの能力を＋補正し、飼い主の力を引き出す「神獣」にする。

トリマーはペットサロンやペットショップ、動物病院などで、おもに犬の体毛の処理であるトリミングや、カット、爪切り、耳掃除、シャンプーなどを行うペット美容の専門家です。医療行為は行いませんが、皮膚病など犬の病気についての知識も多少必要になります。統一した国家資格などはまだありませんが、多くが専門学校や養成スクールなどで知識や技術を学び、修了資格を習得しています。経験と実績を積んで、独立開業する人も多くいます。

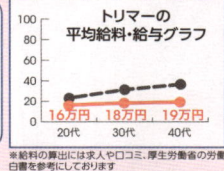

トリマーの平均給料・給与

18万円

20代の給料：16万円
30代の給料：18万円
40代の給料：19万円
初任給　　：15万円〜

トリマーの平均給料・給与グラフ

16万円　18万円　19万円
20代　30代　40代

※給料の算出には求人や口コミ、厚生労働省の労働白書を参考にしております

対話力 発想力 専門性 安定 外勤 内勤

美容部員

美容部員

若返らせるスキルを持つ、「美」の専門ジョブ。その美しい手から「美魔女」を量産する。百貨店の1階を守る「美の門番」。

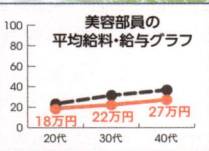

「美は1日にして成らず。でも短縮する方法を私は知っています」

百貨店やドラッグストアの化粧品カウンターで化粧品を販売したり、メイクのアドバイスや肌に関する悩み相談に対応し、商品や情報などを紹介するのが仕事です。化粧品メーカーや販売会社の正社員のほか、契約社員、派遣社員、アルバイトなど働き方も多様ですが、ノルマがあったり、女性が多い職場で気苦労もあるといいます。また、自分の肌も常にきれいに保たなければなりません。店長や教育指導を行う役職へのキャリアアップもできます。

美容部員の平均給料・給与

25万円

20代の給料：18万円
30代の給料：22万円
40代の給料：27万円
初任給　　：18万円〜

美容部員の平均給料・給与グラフ

18万円　22万円　27万円
20代　30代　40代

※給料の算出には求人や口コミ、厚生労働省の労働白書を参考にしております

対話力　発想力　専門性　安定　外勤　内勤

保険外交員

「私と生命の契を結んでくださらない？」

保険外交員
保険に特化した営業マン。生命・損害・がんの保険を軸に、未来の不安を解消する。猛烈なアタックや巧みな話術スキルから「現代のアマゾネス」とも。「裏声テンプテーション」で聴くものをみな魅了する。

●保険外交員とは
保険外交員とは、保険会社に所属し、個人宅や企業を回って、ライフプランに合わせた保険商品を紹介、勧誘し、契約を結ぶのが仕事です。新規開拓から保険の見直しなどのアフターケアも保険外交員が行います。保険会社の正社員として給与をもらいながら保険営業をするのが「営業マン」で、保険会社から報酬をもらって個人事業主として保険営業をするのが「保険外交員」です。保険外交員は女性が多く、「生保レディ」と呼ばれることもあります。会社によって「生涯設計デザイナー」「ライフデザイナー」など呼び名があります。

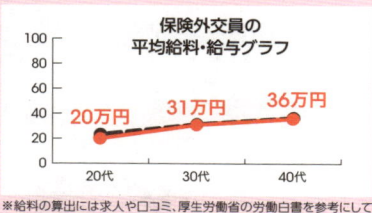

保険外交員の平均給料・給与

31万円

20代の給料：20万円
30代の給料：31万円
40代の給料：36万円
初任給　　：20万円～

保険外交員の
平均給料・給与グラフ

20万円　31万円　36万円

20代　　30代　　40代

※給料の算出には求人や口コミ、厚生労働省の労働白書を参考にして
おります

●保険外交員の賃金（報酬）体系

保険外交員は、個人事業主として保険会社と請負契約を結びフルコミッション（完全歩合）の報酬をもらっている人もいますが、保険会社に正社員として所属し低めの基本給をもらいながら、歩合制の報酬をもらっている人も大勢います。低めの基本給というのは5万～13万円程度となります。この場合、保険外交員は、正社員でありながら、個人事業主でもあるという立場となり、確定申告も行わなければなりません（基本給は「給与」として、外交員報酬は「事業所得」として青色確定申告を行います）。個人事業主ということは努力次第で売上を伸ばすことも可能で、経費を計上できるというメリットがある反面、契約が取れなければ経費分が赤字となってしまい、稼げないというデメリットもあります。そのため、月収10万円未満の保険外交員もたくさんいます。入れ替わりが激しい職種なので、求人募集は常にあります。

●保険外交員のキャリアモデル

保険外交員は時間の使い方を自分の裁量で決めることができるので、子育て中の女性などが多く働いています。しかし保険外交員の仕事はノルマが厳しく、最低でも月に2～3件は契約を取らなければならないようです。ノルマ未達が続くと、歩合率も下がることで収入も下がってしまいます。歩合は保険会社や保険商品によっても異なり、また保険外交員の契約数や顧客の継続率などによっても異なります。そのため、1件の保険契約を取っても、人によって成功報酬には差が出ます。年収1000万円を超える保険外交員は、担当エリア内の顧客から信頼を得て、そこからまた誰かを紹介してもらい、契約成立へとつなげていく、などを繰り返し、日本全国が仕事場

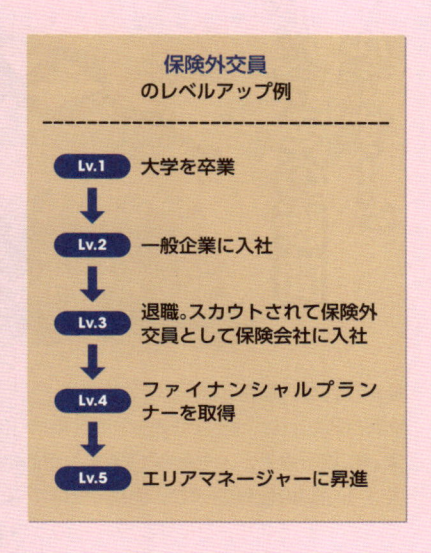

保険外交員
のレベルアップ例

Lv.1　大学を卒業

Lv.2　一般企業に入社

Lv.3　退職。スカウトされて保険外
　　　交員として保険会社に入社

Lv.4　ファイナンシャルプランナーを取得

Lv.5　エリアマネージャーに昇進

となっています。日頃の営業努力と、コミュニケーションを欠かさないこと、常に保険について勉強しておくことが重要となります。

対話力　発想力　専門性　安定　外勤　内勤

旅行代理店勤務

「そのうちなんてだめ！今この瞬間こそが旅に出るときなんです！」

旅行代理店勤務
目的地設定系魔法使い。スキル「ツアーパッケージ」は格安で旅を紹介する懐に優しいサポート魔法。ホテルやレンタカーの手配まで総合的にサポートするため、「ペタソスを被りし旅神」とも呼ばれる。

●旅行代理店勤務とは
旅行代理店とは、宿泊や交通まで含めた「旅行」という商品を企画し、販売する会社です。単純に旅行会社、とも呼ばれます。目的地の選定からホテルの決定、観光プランなどを立案する企画の仕事のほか、店舗でお客さまに商品を販売するカウンター業務、旅行に同行する添乗員（ツアーコンダクター）の仕事などを行います。海外旅行・国内旅行の企画や手配ができる第一種、国内旅行のみの第二種、企画はできず手配のみを行う第三種、第一種〜三種の旅行会社から委託された業務のみを行う旅行業者代理業者、の4種類があります。

旅行代理店勤務の平均給料・給与
25万円
20代の給料：20万円
30代の給料：25万円
40代の給料：31万円
初任給　　：18万円〜

旅行代理店勤務の平均給料・給与グラフ

20万円　25万円　31万円

※給料の算出には求人や口コミ、厚生労働省の労働白書を参考にしております

●旅行代理店に勤務するには

資格がなくても旅行代理店で働くことはできますが、就職や転職にはやはり資格があったほうが有利なようです。旅行業務全般を取り扱うことができる「旅行業務取扱管理者」という国家資格があります。旅行会社の支店や営業所は、店舗ごとに必ず一人は「旅行業務取扱管理者」資格保持者を置かなければならないと旅行業法で定められています。そのため、支店や営業所の責任者は、この資格の保持者であることがほとんどです。国内旅行のみを取り扱うことのできる「国内旅行業務取扱管理者」と、海外旅行も取り扱うことができる「総合旅行業務取扱管理者」の2種類があります。また公的資格として、「旅程管理主任者」資格もあります。これは観光庁長官の認定資格で、添乗員などツアーコンダクターの仕事をすることができます。旅行代理店で添乗の仕事をするならば必要な資格です。

●旅行代理店勤務のキャリアモデル

旅行代理店には多くの部署と仕事があります。企画部では旅行プランナーがリサーチのもと、旅行の目的地を決め、ホテルや観光などのツアープランを立てます。店舗でお客さまに旅行商品を販売するカウンター業務もあります。また、添乗員（ツアーコンダクター）としてお客さまのツアーに同行する仕事もあります。学校や企業など、団体向けに旅行販売を行う営業部もあります。旅行の企画立案から営業、旅行遂行まで一手に引き受けるため、団体営業は旅行業の花形ともいわれるようです。ウェディング事業部ではウェディングプランナー資格を持った社員が活躍しています。各部署で出世をするには、資格を取ったりその専門を究める必要があります。女性も多く働く業界ですが、添乗員は数日間家を空けることもあるため、結婚や出産後に離職する人も多いです。

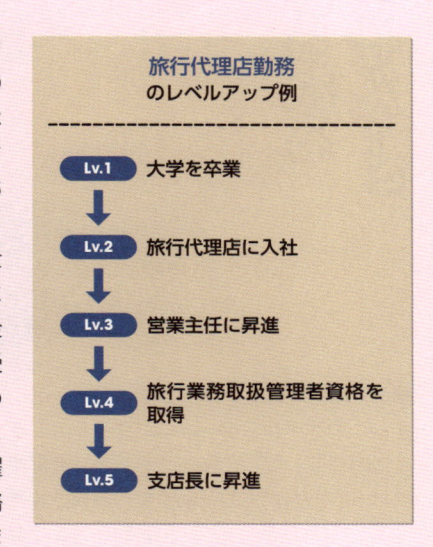

旅行代理店勤務のレベルアップ例

Lv.1　大学を卒業

Lv.2　旅行代理店に入社

Lv.3　営業主任に昇進

Lv.4　旅行業務取扱管理者資格を取得

Lv.5　支店長に昇進

対話力 発想力 専門性 安定 外勤 内勤

テレホンオペレーター

「自分が幸福にしてあげられるお客さまとしか話しません!」

テレホンオペレーター

電話系ジョブの一つ。理不尽なクレームにも真摯に対応し、対応マニュアルを作る。怒濤の電話をする姿から「不屈の電脳戦士」と呼ばれることも。スキル「真心対応」はクレームを感謝に変える秘技だ。

●テレホンオペレーターとは

テレホンオペレーターとは、コールセンターでお客さまに対する電話対応をするのが仕事になります。商品の案内をしたり、商品やサービスに関する問い合わせに答えたり、ときにはクレーム対応も行います。お客さまからかかってきた電話を取り、マニュアルに沿って商品の案内や注文の受付、問い合わせなどに対応し、記録を端末に入力する「インバウンド」業務と、お客さまに電話をかけ、アンケート調査などのマーケティング業務や、新商品やサービスの紹介などの営業を行う「アウトバウンド」業務があります。

テレホンオペレーターの平均給料給与
24万円
20代の給料：20万円
30代の給料：24万円
40代の給料：27万円
初任給　　：20万円～

テレホンオペレーターの
平均給料・給与グラフ

20万円　24万円　27万円

※給料の算出には求人や口コミ、厚生労働省の労働白書を参考にしております

●テレホンオペレーターの給料

テレホンオペレーターのほとんどがアルバイトか派遣社員だといわれています。電話対応が業務のため髪型や服装が自由なところが多く、働く時間帯やシフトも自由に選べるところが多いということから、若者から主婦層までアルバイトとして人気があるようです。アルバイトの時給は1300円前後で、会社によって1000～1500円と幅があります。派遣社員の時給は1200～1600円が相場となっています。他業種のアルバイトに比べると時給がやや高い理由は、テレホンオペレーターはお客さまの声を直接受けるという仕事のため、経営戦略にかかわる大切な部署であるということが関係しているようです。テレホンオペレーターの対応は企業のイメージを左右することもあるため、マニュアルが用意されており、マナー研修や個人情報を扱うためのセキュリティ研修もしっかりと行われます。

●テレホンオペレーターのキャリアモデル

コールセンターは、オペレーター→リーダー→スーパーバイザー（SV）とキャリアアップしていきます。それに応じて、時給は数百円ずつアップしていきます。スーパーバイザー（SV）とは、電話対応などのスキルをテレホンオペレーターに指導し、業務をモニタリングして管理をする人を指します。ときには一般のオペレーターでは難しいクレーム対応やトラブルを解決することもあります。ほとんどのコールセンターにはSVが配置されており、現場の責任者として働いています。SVは情報管理、管理運営という重要な業務を行っているということで、正社員登用を行っている企業もあります。正社員の場合、年収は400万～500万円となっています。現場では

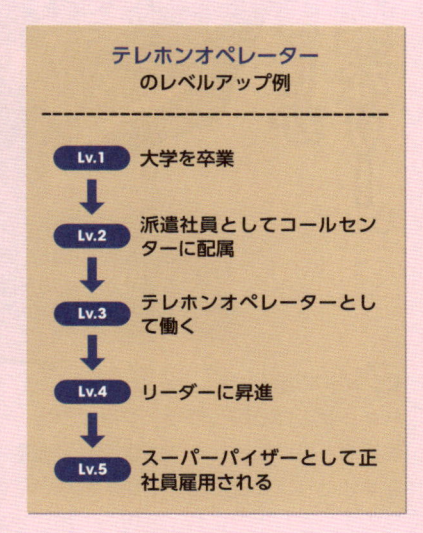

テレホンオペレーター
のレベルアップ例

Lv.1	大学を卒業
Lv.2	派遣社員としてコールセンターに配属
Lv.3	テレホンオペレーターとして働く
Lv.4	リーダーに昇進
Lv.5	スーパーバイザーとして正社員雇用される

圧倒的に女性が多いといわれています。指名入電の数や応答率、成約数など結果を出すことができれば、女性でもSVになることができます。

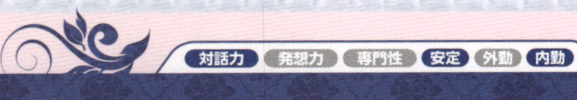

対話力　発想力　専門性　安定　外勤　内勤

ショップ店員

『お似合いですよ』は本当に似合っているときしか使わない。これ我が信条なり！』

ショップ店員

「ものを売る」ことに特化した販売型ジョブ。自社ブランドの知識や衣服を装備し、己自身が商品となりお客の心をがっちりつかむ。爆発的に売る店員は「カリスマ店員」へクラスチェンジが可能。

●ショップ店員とは

ショップ店員といっても、ファッション関係からアクセサリー、化粧品、書籍、食品、雑貨など扱うものはさまざまです。お客さまの希望する商品を探したり、似合うものを提案したり、要望に応じて店舗にないものを取り寄せたりといった接客業務が中心となります。それ以外にも、開店前の掃除や準備、閉店後の片付け、商品の棚卸しやディスプレイ、セールやキャンペーンの準備、在庫の整理や管理、売上金の管理など多くの仕事があります。店によってはノルマがあることもあります。

ショップ店員の平均給料・給与
22万円
20代の給料：21万円
30代の給料：22万円
40代の給料：23万円
初任給　：17万円

ショップ店員の
平均給料・給与グラフ

21万円　22万円　23万円

※給料の算出には求人や口コミ、厚生労働省の労働白書を参考にしております

●ショップ店員の仕事の魅力・向いている性格

ショップ店員は接客が業務の中心であり、コミュニケーション力は欠かせません。声のかけ方ひとつでお客さまを逃してしまうこともあります。その人の雰囲気で声をかけるべきか否か、どういった言葉をかければよいのかなど、一瞬で判断する能力が必要となります。また、その人に合った商品を勧めるのも、顧客の信頼を得るためには重要です。人気のショップ店員になると、100人以上の担当顧客をもち、それぞれの顧客に合った製品をチェックして紹介したり、ダイレクトメールで新商品の案内を送ったりします。出勤日と休日で、店の売上が変わるほど影響力をもつ店員もいます。長時間の立ち仕事でノルマがあることもあり大変なことも多いですが、人と接するのが好きな人、扱う商品に愛着がある人にはぴったりの仕事であるといえます。またTwitterやInstagramで注目されるような、モデル顔負けのカリスマショップ店員もいます。

●ショップ店員のキャリアモデル

ショップ店員は、正社員、アルバイト、派遣社員、契約社員など、多くの働き方があります。アルバイトの時給は800〜1000円が相場となっています。経験や売上によって、時給が上がっていくところが多いようです。ファッション関係の場合は、その会社の商品を着て接客をすることが必要な場合もあります。商品は買い取りであり、社員割引で買えることが多いですが、自腹となるため経済的に負担になることもあるようです。ショップ店員としてアルバイトで働き始め、社員登用される人もいます。副店長、店長に昇格し、そのままショップで販売をする人もいれば、事務職や管理部門に進む人など、さまざまなキャリアモデルがあります。また、接客業で

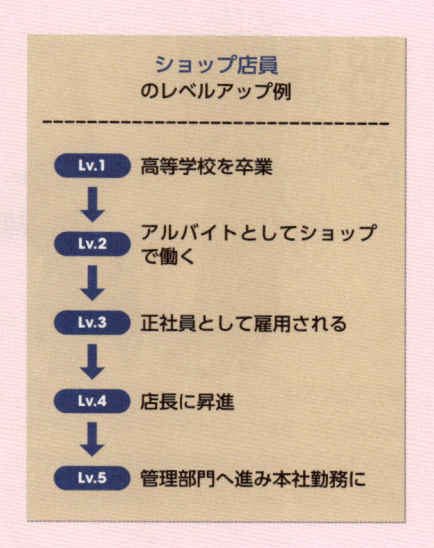

ショップ店員
のレベルアップ例

- **Lv.1** 高等学校を卒業
- **Lv.2** アルバイトとしてショップで働く
- **Lv.3** 正社員として雇用される
- **Lv.4** 店長に昇進
- **Lv.5** 管理部門へ進み本社勤務に

身につけたコミュニケーション力を活かして、他業種の営業などに転職する人もいます。努力次第で自分の店をもつことも可能です。

書店員

「書店で起こる恋は、格差も偏見も許しを請う必要もありません」

書店員

書籍の陳列・販売管理を行うジョブ。独自の観点や知識で、書籍を陳列する「書店の要」。魔法「今月の一冊」は書店員の魂が具現化される召喚スキルの一つであり、ブームを作り出す「影の仕掛人」とも。

●書店員とは

書店員は、書籍や雑誌を仕入れ、販売するのが仕事です。本の陳列や整理、POPの作成、接客対応、レジなど仕事は多岐にわたります。雑誌の付録を挟み込むのも書店員の仕事となります。店舗によっては立ち読み防止のビニールをかけたり、ブックカバーを手折りすることもあります。利用客から質問されることも多いため、新刊や人気作品の情報は常に頭に入れておかなければなりません。放映中のドラマや映画の原作本をチェックしたり、作家のSNSをのぞいたりすることもあるといいます。夕方5時以降がピークタイムとなります。

書店員の平均給料・給与
21 万円
20代の給料：19万円
30代の給料：22万円
40代の給料：24万円
初任給　　：17万円〜

書店員の平均給料・給与グラフ

19万円　　22万円　　24万円

※給料の算出には求人や口コミ、厚生労働省の労働白書を参考にしております

●書店員になるには

本が好き、書店が好きということから、アルバイトとして書店で働き始める人も多いです。しかし、活字離れに加え、電子書籍の登場やWEBでも簡単に書籍が購入できるようになったことから、書店の数は年々減り続けています。そのため、大型書店でも正社員の新規採用は非常に少なく、アルバイトからの正社員登用もほとんどないのが現状です。中小の書店では欠員が出たときのみ求人を出していることもあります。1年間に出版される本は8万点にもなり、大型書店では毎日200種類の本が入荷されるといいます。書店員はそれらの新しい本や雑誌をいち早く目にすることができ、売れ筋の本を見極めて多めに発注したり、売れない本を返品して冊数を調整するといった業務もあり、本の目利きとして力を発揮することもできる、本好きにはたまらない仕事といえます。社員割引がある店も多いため、本をたくさん購入する人には働くメリットがあります。

●書店員のキャリアモデル

大型書店の場合、接客業務を担当しながら、最初の数年間は自分の担当するジャンルをもってそのジャンルの棚の本を管理し、商品知識を増やしていきます。小規模の書店では、一人で複数のジャンルを担当することもあります。そして、そのままそのジャンルの専門性を深めていく場合と、それ以外のジャンルも含め、フロア全体を管理する店長などの役職へとステップアップしていく道があります。スタッフが20名近く常駐しているような大型店舗でも、正社員は店長、副店長と平社員の3名体制ということもあり、管理職はかなり大変です。シフト制の勤務となり、アルバイトやパートのマネジメントも社員が行います。土日祝日が休めないこともあり、残

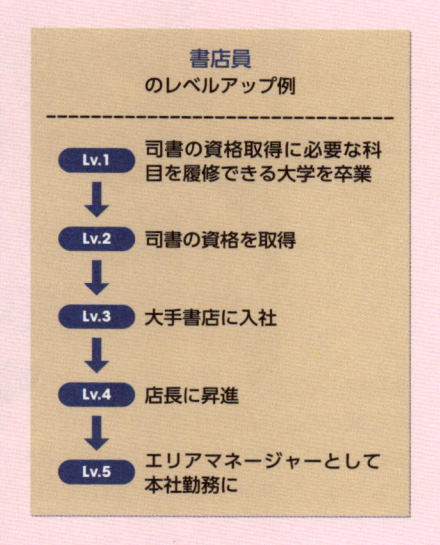

書店員のレベルアップ例

- **Lv.1** 司書の資格取得に必要な科目を履修できる大学を卒業
- **Lv.2** 司書の資格を取得
- **Lv.3** 大手書店に入社
- **Lv.4** 店長に昇進
- **Lv.5** エリアマネージャーとして本社勤務に

業がある職場もあります。書店員として経験を積み、書店や古書店を開く人もいます。最近ではブックカフェを開業する人も増えています。

対話力　発想力　専門性　安定　外勤　内勤

花屋さん

「情熱の花を胸に咲かせたり
黄色い花と大事な約束をしたり
花と人は切ってもきれません」

花屋さん
精神回復系ジョブ。花を提供し、人々の状態異常を緩和させる。花の手入れもできるため、「フラワードクター」とも。プルーフ「フラワーアレンジメント」を取得することでクラスアップも可能。

●花屋さんとは

花に関わる総合的な仕事をするのが、花屋さんです。花の選別から水揚げ、管理、販売を行います。花の種類ごとの適切な温度や水の量、処理方法などを熟知しておかなくてはならず、大変な仕事です。接客の際にはおすすめを聞かれたり、お客さまの好みや用途に合わせて花を提案したり、フラワーアレンジを施したりします。流行や季節、イベントなどさまざまなことを考慮して花を買い付けます。朝早くから市場で花を仕入れるパターンと、契約しているところから直接花が届くパターンがあります。

花屋さんの1日

6:00	花市場へ仕入れに出発
10:00	開店
12:00	仕入れた花の手入れやブーケを作成
14:00	配達。お客さんの要望があれば、インターネットで探して市場に発注
17:00	閉店作業。レジ締め
18:00	業務終了

●花屋さんになるには

花屋さんになるには、農業学校や短大の園芸科のほか、フラワーコーディネートを学ぶ専門学校などで学んでから就職する方法と、未経験から花屋さんで働く道があります。花屋さんの仕事を覚えるには経験あるのみともいわれ、働きながらフラワーコーディネートやアレンジなどを覚えていく人も多いです。対面販売を中心に行っている店舗もあれば、ウェディング用のブーケやテーブルフラワー、葬儀用の花かごや花輪の制作、ショップやイベント会場のフラワーアレンジを行っているところもあります。また、テレビ番組や映画の背景に使う花をアレンジする店や会社もあります。資格は必須ではありませんが、国家資格であるフラワー装飾技能士検定などを取得していると、転職に有利になるといわれています。正社員の求人は非常に少なく、アルバイトかパートでスタートすることがほとんどです。

●花屋さんの仕事の面白さ・向いている性格

花屋さんは一見華やかに見える仕事ですが、華やかなのは商品である花だけで、実際の仕事は地味でハードです。たとえば、市場から仕入れた花に水をあげる作業では、5～10キロもの重さの花入れを何種類も持ち運びします。また、花の鮮度を保つためにフラワーキーパーと呼ばれる場所に移動させますが、その温度は8度しかなく、冷蔵庫のように寒いです。夏場は水を腐らせないように、頻繁に水を替えるなど大変な仕事も多いです。手荒れは職業病ともいえ、ハンドクリームが手放せないといいます。その一方で、季節感を感じることができ、花の知識を活かすことができる仕事でもあり、花が好きな人、花に囲まれて仕事をしたい人には最高の職場です。お店を訪れる人々の、ほほえましく、幸せな光景を見ることもできます。女性が多く働く職場であり、年齢を問わず花屋さんとしてのキャリアをスタートすることができるのも魅力です。

●花屋さんのキャリアモデル

「お花屋さんになりたい」と夢を描いた女性も多いはず。しかし実際の花屋はアルバイトや正社員として勤め、店長まで昇進できても、あまり月給が高いとはいえません。そのため、独立開業を目指す人もいます。しかし、黒字にするのはかなり難しいといわれており、1000万円近く開業資金をかけたのに、数年で廃業……ということもあるようです。かつては仕入れ値×3倍の値段で売っていた花卉類が、現在は仕入れ値の2倍の値段まで売値は下がっており、競合する他店があれば、値段を下げるか独自のアピールをするしかありません。移動販売や宅配事業などを組み合わせて、なんとか生き残りをかけている個人経営の花屋もたくさんあります。個人

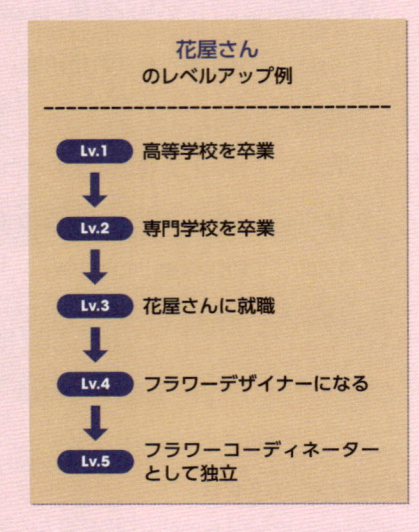

花屋さん
のレベルアップ例

- Lv.1 高等学校を卒業
- Lv.2 専門学校を卒業
- Lv.3 花屋さんに就職
- Lv.4 フラワーデザイナーになる
- Lv.5 フラワーコーディネーターとして独立

オーナーの店では1日2万円の売上があれば良いほうという話もあります。月収20万〜30万円、年収300万円前後のオーナーもたくさんいます。

●花屋さんとして年収をアップさせるには

花屋さんは開店する場所によって、稼ぎは大きく変わるといわれています。駅前や駅構内などの人通りが多い場所や、新宿歌舞伎町など水商売の店が多く、花を必要とする人（店）が多い場所などでは、かなりの売上を上げることができるといいます。週末だけで100万円以上の売上になる店もあるという話です。花屋さんはロスを出さないことが最も重要で、結婚式場や華道家などと契約をして定期的に花を卸すことができれば、ロスは最小限に抑えられるため、効率よく稼ぐことができるといいます。大口顧客をいくつも持つことで、年収1000万円を稼ぐ個人オーナーもいるようです。また、花屋さんの傍ら、フラワーデザイナーやフラワーアーティストとして一躍有名になれば、作品を売ったりイベントの出演料や雑誌の掲載料などを得ることもでき、講師としてレッスン料をもらうこともできます。

花屋さんの平均給料・給与

20万円

- 20代の給料：15万円
- 30代の給料：18万円
- 40代の給料：25万円
- 初任給　　：15万円〜

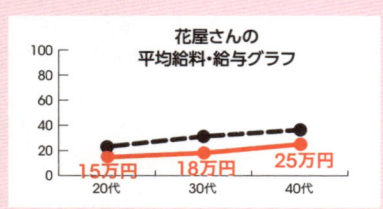

花屋さんの
平均給料・給与グラフ

※給料の算出には求人や口コミ、厚生労働省の労働白書を参考にしております

医療・介護系職業

対話力　発想力　専門性　安定　外勤　内勤

薬剤師

「失恋に効く薬は時間と新しい出会いを調合すること」

薬剤師
「街角の白魔道師」。状態異常の患者さんに、回復薬を供給する薬マスター。「調剤」は、処方箋を駆使する医者との連携技である。「漢方薬局」「病院」など、さまざまな場所で活躍する。

●薬剤師とは

薬剤師は、病院や薬局、診療所で雇用され、医薬品の調剤・製剤作業、服薬説明、薬歴管理、注射剤の調剤を行うのがおもな仕事です。ほかにも、医薬品販売業の管理薬剤師や毒物劇物取扱責任者などとしても活動を広げることができます。最近は薬剤師の説明義務がある薬をドラッグストアやスーパーなどで販売しているため、雇用の場は増加傾向にあります。また、民間の製薬会社や大学の研究機関で新薬の研究、医薬情報担当者（MR）という、病院に薬の説明をする職に就くこともできます。

薬剤師の平均給料・給与

38万円

20代の給料：29万円
30代の給料：32万円
40代の給料：40.5万円
初任給　　：20万円〜

薬剤師の
平均給料・給与グラフ

29万円　　32万円　　40.5万円

20代　　30代　　40代

※給料の算出には求人や口コミ、厚生労働省の労働白書を参考にしております

●薬剤師の仕事の面白さ・向いている性格

薬剤師の基本中の基本は、「薬を調剤すること」です。医師の処方箋にしたがって、きちんと指示どおりの分量や配合で薬を調剤する必要があります。そのため、細かく几帳面に作業をするのは女性のほうが得意とする人が多いかもしれません。薬剤師は6年制薬学部を卒業しないと薬剤師国家資格が得られないため、化学の知識はもちろん、理系の学問が好きであり、膨大な勉強量をこなすことも必要です。また、2016年の診療報酬改定により、「かかりつけ薬剤師指導料」という項目が新しくできたことで、患者自身が信頼のおける薬剤師を選べるようになりました。そのため、かかりつけ薬剤師は各患者が服用している薬を把握し、24時間対応で患者さんに相談や適切なアドバイスをすることになっています。つまり、薬剤師は患者さんとのコミュニケーション能力も求められます。

●薬剤師のキャリアモデル

薬剤師のおもな就職先といえば、調剤薬局、病院、製薬会社、大学の研究機関。初任給は20万〜25万円といわれています。現状は、製薬会社に雇用された場合が最も高給で、病院や薬局、ドラッグストアはほぼ同じ給与体系です。平均年収は533万円と、ここ数年で20万円程度の上下があるだけで、あまり大きな変化はないでしょう。国家資格ゆえに、一生就職に困らないといわれていた薬剤師ですが、薬の種類によっては、薬剤師ではなく「登録販売者」という資格があれば販売できるようにもなってきており、薬剤師の正規雇用を抑える病院や薬局も増えてきました。とはいえ、資格を持つ人の職業という専門性の高さから、正社員以外にもパート・アルバイト

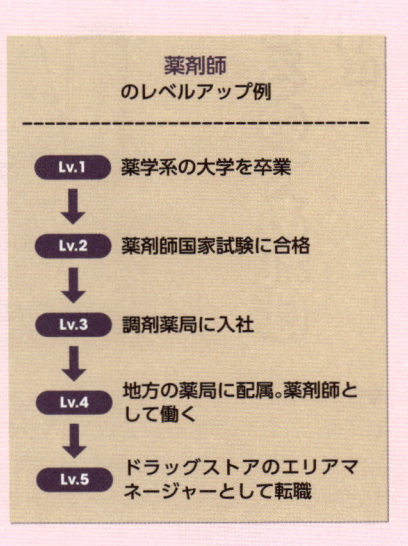

薬剤師
のレベルアップ例

- -

Lv.1　薬学系の大学を卒業

Lv.2　薬剤師国家試験に合格

Lv.3　調剤薬局に入社

Lv.4　地方の薬局に配属。薬剤師として働く

Lv.5　ドラッグストアのエリアマネージャーとして転職

としての求人は多いため、女性が結婚や出産をへても働き口を見つけやすい職業といえるでしょう。

対話力 発想力 専門性 安定 外勤 内勤

看護師

「アナタの心と身体を癒やせるのであれば悪魔にも天使にもなります」

看護師
ナイチンゲールの加護により病人を看護する職。医者をサポートしつつ、患者に精神面の安定を与えるため「白衣の天使」とも呼ばれる。

●看護師とは
看護師は、医療の現場において医師の診察の補助をし、医師の指示のもとで患者のケアをします。血圧、体温などの測定、注射、点滴、採血といった治療の補助など、身の回りのお世話も多く、献身的なイメージがあるため、女性の職業と思われている方が多いかもしれませんが、近年では男性看護師も増加してきています。看護師には免許区分として看護師と准看護師に分かれていて、准看護師は医師や看護師の補助役であり、独自の判断では動けません。また、大手病院では手術の補助を専門とする看護師がいることもあります。

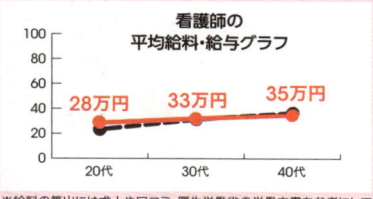

看護師の平均給料・給与
32万円
20代の給料：28万円
30代の給料：33万円
40代の給料：35万円
初任給　：15万～20万円

看護師の平均給料・給与グラフ

28万円　33万円　35万円

20代　30代　40代

※給料の算出には求人や口コミ、厚生労働省の労働白書を参考にしております

●看護師の仕事の面白さ・向いている性格

医師のように自分の判断で診断をして治療をするわけではなく、患者さんが治療を乗り越えるサポートをする仕事なので、内助の功に徹することができること。そのサポートのなかで、いかに患者さんが気持ち良く過ごせるか、安心するか、という気配りを持つことも重要です。体力的にもハードな仕事となりますが、人助けに魅力を感じて目指そうと思う人が多く、特に女性には昔から人気の高い職業のひとつです。また、看護師になるには国家試験に合格しなくてはならないため、専門教育を受ける必要があり、看護師学校へ進学することになります。その看護学校へ入学するための競争率も毎年3倍程度と、容易な道ではありません。看護師学校・養成所には3年制の看護専門学校、看護短期大学、4年制の看護大学があります。ちなみに看護学校は入試が難しいと言われており、そのための予備校もあるほどです。

●看護師のキャリアモデル

どこの病院でも看護師不足といわれており、就職先に困ることはないでしょう。初任給は15万～20万円程度といわれ、勤務先によって差があるので、一概にはいえませんが、看護師の平均月収は30万円前後、ボーナスは50万～100万円、平均年収は450万円ほどとなります。年収のボリュームゾーンは400万～600万円が相場で、一般的な女性の年収よりも高めの年収ですが、体力的にも精神的にも厳しく、夜勤もあります。子育てをしながら働くためのサポートとして、院内託児所を設ける病院もあり、女性が結婚や出産をへても安心して働けることが多いです。ただ、夜勤がある勤務形態をするには、夜間保育をする託児所は認可保育所には存在しないため無認可保育所を見つけて預ける、もしくは配偶者や両親といった家族の協力を得られないと難しいでしょう。

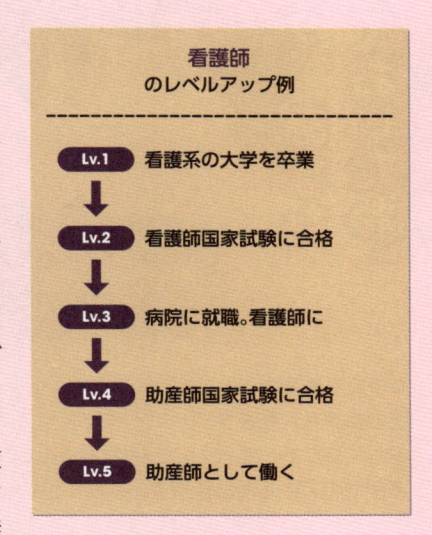

看護師
のレベルアップ例

- **Lv.1** 看護系の大学を卒業
- **Lv.2** 看護師国家試験に合格
- **Lv.3** 病院に就職。看護師に
- **Lv.4** 助産師国家試験に合格
- **Lv.5** 助産師として働く

対話力 発想力 専門性 安定 外勤 内勤

医療事務

> 「もう病気にならないよう、あなたの診察券に魔法をかけておいたわ」

医療事務

別名「カルテの天使」。看護師が治療補助で癒やしを与えるなら、医療事務は受付で安心を与える。カルテ整理や受付以外にも精算業務なども行う。スキル「問診票」は医者にスムーズに分析結果を知らせる。

●医療事務とは

医療事務は、病院やクリニックで医療に関わる事務処理を行います。医療に関する専門的な知識はもちろんのこと、カルテ出し、会計処理、パソコン入力、介添え、簡単な看護補助のスキルも必要です。病院の窓口として患者さんを迎え、診察申込書を書いてもらったり、診察券や保険証などを確認したり、患者さんの予約の確認なども行います。また、診察が終わると「レセプト」と呼ばれる診察報酬明細書を作成します。カルテの内容を把握しながら、データを入力し、正確に処理をする必要があります。

医療事務の平均給料・給与
19万円
20代の給料：16万円
30代の給料：17万円
40代の給料：21万円
初任給　：10万円～

医療事務の平均給料・給与グラフ

16万円　17万円　21万円

※給料の算出には求人や口コミ、厚生労働省の労働白書を参考にしております

●医療事務の仕事の面白さ・向いている性格

パソコンに向かう事務仕事が多いと思われるかもしれませんが、実際には受付や処方箋の窓口業務をこなすことが多いため、患者さんとのコミュニケーションをうまく行うことが重要になってきます。患者さんの気持ちを汲み取って、不安や心配事を取り払うように声をかけて接することで、少しでも患者さんの気持ちを軽くしてあげるようにしたいもの。そんな気遣いと心配りができることが大切です。また、レセプト業務は、請求書期限までに提出をしなければならないので、締め切りを守る真面目さと、手際よく仕事をこなせる要領の良さも必要です。レセプト業務にはコンピューター作業が欠かせないので、一般的なコンピューターの知識もあると良いでしょう。勤務時間が自由なことも多く、場所にもとらわれずに探すことができるので、結婚して主婦になっても働きやすい職業です。

●医療事務のキャリアモデル

民間の資格が必要とされますが、一般的な事務職と給与はあまり変わりがありません。年収は勤務年数や実力にくわえて、勤務先の病院やクリニックによって違いがありますが、全体の平均年収は300万～400万円です。何かの試験を受けてスキルアップをしていくというよりは、勤続年数によって収入をアップしていくという状況がほとんどですが、事務職の給与水準は年々下落していくのが現状です。ただ、医療事務の場合は契約社員やアルバイトなどの雇用形態も多く、結婚や出産をしても勤務時間を自分に合わせやすいため、長年続けて働く女性が多いようです。産休や育休を取って、やったことのないパート業務を最初から覚えるよりも、資格やスキルがあ

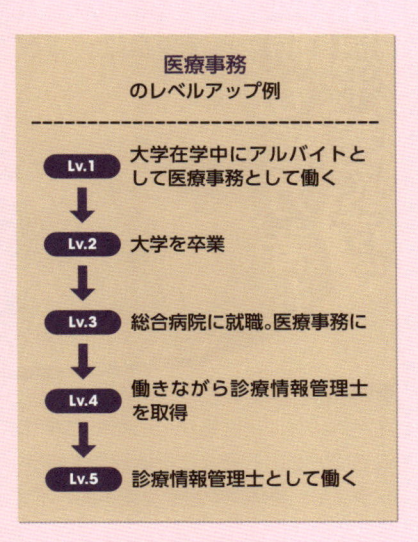

医療事務のレベルアップ例

- **Lv.1** 大学在学中にアルバイトとして医療事務として働く
- **Lv.2** 大学を卒業
- **Lv.3** 総合病院に就職。医療事務に
- **Lv.4** 働きながら診療情報管理士を取得
- **Lv.5** 診療情報管理士として働く

れば経験者として職を探せるので、仕事復帰がしやすいため、女性には人気の高い職業といわれています。

| 対話力 | 発想力 | 専門性 | 安定 | 外勤 | 内勤 |

産婦人科医

『神様も悪魔も天使も大統領も権力者も赤ちゃんの笑顔の前には皆平等です』

産婦人科医
出産・赤ちゃん・女性に対して総合的にケアする専門医術職業。別名「コウノトリの化身」。最近では女性外来ともいわれる。

●産婦人科医とは

産婦人科医は、妊娠から出産までをサポートし、女性特有の病気の治療を行います。産科ではおもに妊娠から出産までを扱う「産科」と、子宮や卵巣、膣などの女性生殖器のトラブル、更年期障害や生理不順、不妊治療を扱う「婦人科」に分かれています。また、外科手術を扱うことも多く、出産時の帝王切開をはじめ、人工中絶、子宮頸がん、子宮筋腫、卵巣腫瘍などの手術も行います。また、病院の形態としては、妊娠から出産までが行えるところと、妊婦検診のみを行うところ、不妊治療のみを扱うところもあります。

●産婦人科医の仕事の面白さ・向いている性格

昨今の少子化に加えて、赤ちゃんと母親の両方の命を預かるという、ハイリスクともいえる職業であるため、年々産婦人科医の希望者は減少しています。しかし、命の誕生の瞬間に立ち会える喜びや尊さは何事にも代えがたいことであり、それらのリスクをわかっても産婦人科医を希望する精神の強さと覚悟を持った人には向いているでしょう。そして面白さ以上に、人生で幾度も味わえない感動を、仕事として何度も味わうことができるのです。医師、看護師、患者とも女性が多くなる職場ですから、男性よりも女性のほうが多い傾向にあります。そして医師と同様に、大学の医学部で6年間勉強をした後、国家試験に合格して医師免許を取得します。それから医療の現場に入り、さまざまな科で最低2年間の研修を受けることが必要ですから、辛抱強く勉強していくことは必須条件です。

●産婦人科医のキャリアモデル

なかなか成り手がいなく、不足が叫ばれている産婦人科医は、資格さえあれば求人に困ることはないでしょう。手取りは平均で130万円ですが、勤務医と開業医では給与に大きな差が出ます。そのため、勤務医の場合はキャリアアップを狙って別の職場へ転職を希望したり、独立を目指したりする人も。患者が女性であることから、女性の医師を希望する人も多く、女性が活躍しやすい職業です。人手が足りず、女性の産婦人科医は需要も多いことから、結婚や出産をへても復帰することはできますが、分娩まで担当する産婦人科医である場合は、子育てをしながら働くのは容易でありません。出産はいつ来るか予想もつかず、容態の急変も多々あるために、時間の融

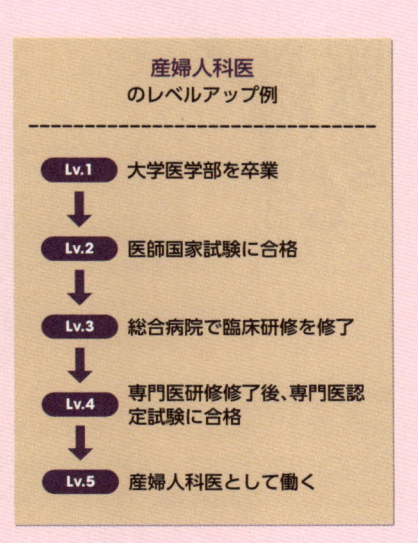

産婦人科医
のレベルアップ例

- - - - - - - - - - - - - - - - - - - -

Lv.1 大学医学部を卒業

Lv.2 医師国家試験に合格

Lv.3 総合病院で臨床研修を修了

Lv.4 専門医研修修了後、専門医認定試験に合格

Lv.5 産婦人科医として働く

通が利かないので、パートで働くか、フルタイムで働くならば配偶者や家族の協力を得ることが不可欠です。

対話力 発想力 専門性 安定 外勤 内勤

麻酔科医

「手術の恐怖や痛みをなくすことができる魔法。それが麻酔なの」

麻酔科医
ダチュラの花を駆使し、患者の全身麻酔をコントロールする。「攻撃」を手術とするなら「防御」の「バランス」をとる専門医術が麻酔である。

●麻酔科医とは

麻酔科医は、手術前、術中、術後の麻酔の管理を行う専門医です。麻酔は医師の資格を保有していればできますが、全身麻酔が必要となるような手術では患者の容態を見ながら管理をしていくことが必要となるため、専門的な知識が必要になります。つまり、手術に立ち会いながら手術室をうまく回し、無理のない手術計画を立てることも重要な役割のひとつです。手術をする患者の生命維持は、麻酔科がコントロールしているといっても過言ではありません。もちろん、手術前の患者への説明、術後のケアも仕事の範疇です。

麻酔科医の平均給料・給与

83万円

20代の給料：74万円
30代の給料：81万円
40代の給料：93万円
初任給　　：33万円

麻酔科医の平均給料・給与グラフ

74万円　81万円　93万円

※給料の算出には求人や口コミ、厚生労働省の労働白書を参考にしております

●麻酔科医の仕事の面白さ・向いている性格

麻酔科医になるには、医学部卒業後に医師国家試験に合格したのち、2年の研修期間をへて医師になるまでは他科の医師と同じで、そこから麻酔科指導医のいる病院（麻酔科研究施設病院）で2年以上麻酔業務に専従するか、300症例以上の麻酔を行って麻酔科標榜医の資格を得て、日本麻酔科医が定める所定の審査に合格すると麻酔科認定医となります。つまり、最短でも約10年はかかるという根気が必要な職業といえます。麻酔科医の数は不足しているため、かなりの激務になり、手術中は患者のそばを離れることができないことから拘束時間が長いので、体力勝負な一面もあります。チームで手術をする外科医との大きな違いとして、麻酔科医は一人一人で独立して麻酔管理するので、仕事を任されたいと思うような責任感の強い人にはとてもやりがいを感じられる職業です。ある程度の実力を持っていれば、自分で業務量をコントロールできるようになります。

●麻酔科医のキャリアモデル

1年目は30万円台ですが、3年目から3倍近くの給与へ跳ね上がることが多いようです。麻酔科医の少ない地方の病院では非常勤として勤めてもかなりの高額な給与を得られる可能性もあります。女性が結婚、出産、育児をへても、資格があれば、働き口に困ることはないでしょう。麻酔科医は主治医となって患者を持つことがないので、緊急手術以外で夜中に呼び出しされる可能性がないことから、オンとオフの区別がつけやすいのです。つまり、うまく休みをとることもできるので、女性にとってはありがたい職業かもしれません。麻酔科医は不足が叫ばれているため、少し仕事を休んでからの復職でも歓迎されるでしょう。また、緩和医療や出張麻酔を看板に

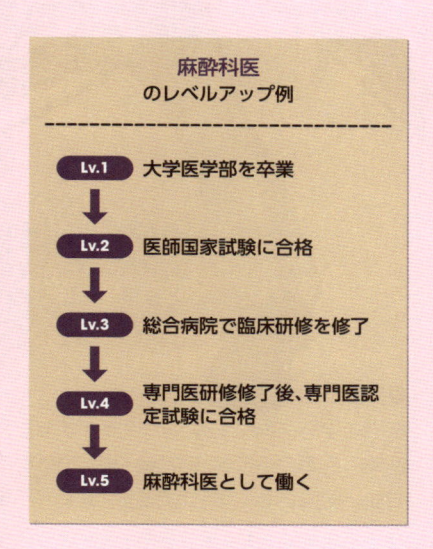

麻酔科医
のレベルアップ例

Lv.1　大学医学部を卒業

Lv.2　医師国家試験に合格

Lv.3　総合病院で臨床研修を修了

Lv.4　専門医研修修了後、専門医認定試験に合格

Lv.5　麻酔科医として働く

し、独立する麻酔科医も徐々に増えてきています。独立して成功することができれば、平均より高い収入を得ることができるでしょう。

対話力 発想力 専門性 安定 外勤 内勤

外科医

『私、失敗しないんで』
という気持ちは外科医なら
絶対に持たなきゃいけません」

外科医
外科医にはたくさんの種類がある。脳神経外科、心臓血管外科、消化器外科、乳腺外科、整形外科、泌尿器科、形成外科、肛門外科などがあり、『白い巨塔』や『医龍』に登場するような天才外科医もいる。

●外科医とは
手術を中心に病気や怪我の治療をする診療科。臨床医学の一分野であり、手術によって創傷、疾患の患部摘出や縫合などの外科的手法を用いて、すべての分野を包括する医師です。医師としての活動範囲が広く、心臓外科、胸部外科、形成外科、美容外科、血管外科など細分化された分野ごとの医師が存在するので、外科といっても求められる力はさまざまです。専門的な分野では非常に待遇がよく、整形外科、形成外科、美容外科は比較的高年収であるといわれています。

外科医の1日

07:00	カンファレンス後、回診
09:30	外来診療
13:30	手術、家族への説明
16:30	病棟業務
18:00	カンファレンス後、回診。カルテ記入などの事務処理
21:00	帰宅

※カンファレンス:一人の患者に対して各分野の担当者が集まってされる打ち合わせ

●外科医の仕事の面白さ・向いている性格

手術が基本となる外科医には手先の器用さが不可欠です。手術中に予期せぬ事態が起こった場合、瞬時に判断をする能力を求められるため、自分が決めた気持ちに迷いがなく、精神的にタフな人が向いているといえます。外科医は自分で手術をすることから、目の前で生死の境をさまよっているような患者さんを、自らの手で治療して助けることができるのです。もちろん非常事態とは隣り合わせですが、医師としてのやりがいを強く感じることのできる職業です。技術があれば、男女の差もなく働くことができるので、まずは医師になる勉強と、手術の技術を積んでいくことで外科医を目指していくことになります。また、手術中はほかの外科医、麻酔科医、看護師たちとのチームワークが重要ですから、チームをまとめる高いコミュニケーション能力も求められます。手術に対して関心を持ち、自らの腕を磨き続けることに貪欲であり、常に向上心をもてるような人が向いています。

●外科医のキャリアモデル

大学卒業後に研修医として働く病院が、そのまま職場になることが多いようです。そこから一定以上の研修期間をへて、専門分野に特化する必要があります。平均年収はだいたい1000万〜1200万円になると予測されますが、若いうちは月給の手取りは30万円ほどで、さらに研修期間中は医師会などへの会費もかかります。勤務医の場合、40代以降は医長、部長、院長、大学病院の場合は助手、講師、教授といった階級によって年収が上昇していくようです。女性が出産、子育てで離れてしまうとすると、経験がものをいう外科では復職が難しいように感じるかもしれませんが、病院によっては、配偶者の転勤先に応じて勤務地を選べたり、非常勤や当直の免除などを受けられたりします。医局や職場上司と勤務体制を相談しながら、家事・育児サポートを受けられるような体制があると仕事が続けやすくなるでしょう。

●外科医の難しいところ

拘束時間が長く、手術の緊急呼び出し、そして術後のケアも考えると、労働時間が長くて体力的には厳しい面が多々あります。近年、社会的問題でもある医師不足のなかでも最も減少傾向にあるのが外科医なのです。ひとつはこの長時間労働の面と、もうひとつは専門的な分野の勉強と臨床の経験を積むのに時間がかかることです。医師になるためにはどんな分野でも医学部卒業と国家試験、それから研修期間をへる必要があるうえに、外科医の分野は細かく分かれているので、外科医として独り立ちできるまでは長い道のりになっています。そこで女性が外科医として働いていて、若いうちに結婚と出産があった場合、経験を積む期間が短くなってしまうので、外科医志望の減少をとめるためにも、そういった環境整備が今後の課題です。

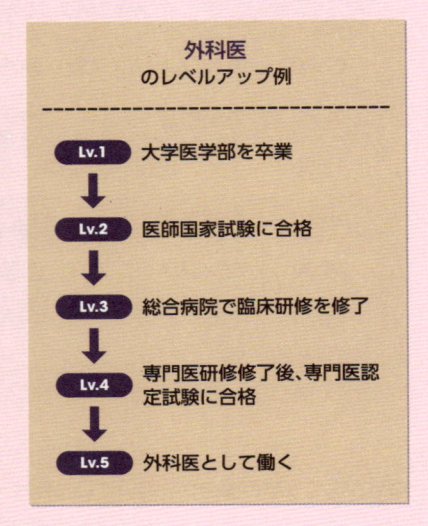

外科医のレベルアップ例

- **Lv.1** 大学医学部を卒業
- **Lv.2** 医師国家試験に合格
- **Lv.3** 総合病院で臨床研修を修了
- **Lv.4** 専門医研修修了後、専門医認定試験に合格
- **Lv.5** 外科医として働く

●外科医から転職するなら

もともと専門手術に特化していることから転職をする人はあまり多くありませんが、外科医として毎日の激務をこなしていて体調を崩したり、加齢もあって体力がキツイなどと思ったりすることから転職を考える人もいます。その場合、自分が経験した分野を活かすことができる分野へ異動することもあるようです。たとえば、脳神経外科医として働いていたが、脳神経内科へ転職するということです。つまり外科から内科へ転職する人が多いのです。体力勝負による激務をこなすうちに、自分の将来をどうするか、と考えて、転職を希望する人もいて、そのまま開業医になる方もいます。やはり高額な教育費と、長い年月をかけて手に入れた医師の資格ですから、まったく別の職業というよりは、医師のなかで分野を検討しながら転職先を探す、ということになるでしょう。

外科医の平均給料・給与

81万円

- 20代の給料：35万円
- 30代の給料：90万円
- 40代の給料：120万円
- 初任給　　：30万円〜

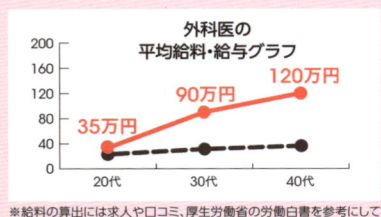

外科医の平均給料・給与グラフ

35万円 / 90万円 / 120万円

※給料の算出には求人や口コミ、厚生労働省の労働白書を参考にしております

対話力　発想力　専門性　安定　外勤　内勤

視能訓練士

「かっこよく働く人たちが目を大事にしているのは明らかな事実でしょう！」

視能訓練士

医師と連携し、目の機能を回復させるジョブ。別名「両眼の魔女」。スキル「目の検査」は医療資格であり、状態異常の回復スキルも持つ。

視能訓練士は視力・屈折検査、眼圧検査、視野検査や矯正訓練、リハビリなどを行う、眼科医療をサポートする専門職です。専門学校か４年制大学の専門学科を卒業後、国家試験に合格すると、視能訓練士として働くことができます。現在、超高齢社会もあって眼科医療は人手不足が予測され、今後も需要が高まる職業だと考えられます。男女差もなく、結婚や出産しても続けやすくなるでしょう。斜視や視力の検査は子ども対象のことが多いので、子どもを扱う意味では女性の視能訓練士のほうが良い場面も。

視能訓練士の平均給料・給与
20万円

20代の給料	25万円
30代の給料	30万円
40代の給料	30万円
初任給	18万円

視能訓練士の平均給料・給与グラフ

25万円　30万円　30万円

20代　30代　40代

※給料の算出には求人や口コミ、厚生労働省の労働白書を参考にしております

対話力　発想力　専門性　安定　外勤　内勤

治験コーディネーター

治験コーディネーター

薬の臨床実験データを管理する調停者。健康な被験者に新薬を投入するスキル「治験」で未来の病気を治療するデータ蓄積系ジョブの一つ。

「新たな治療薬の誕生は、私の手に委ねられている」

製薬会社や医療機器メーカーが新開発した医薬品や医療機器を使用してもらい、データを収集して医薬品や医療機器の有効性や安全性を確認する「臨床試験」を実施する際に、遵守すべき基準を守って行うように調整する仕事です。特定の資格が必須というわけではありませんが、医療関係、特に薬剤の知識があることを求められます。医療系の仕事のなかでもデスクワークが多く、土日祝日が休みで残業なしという働き方がしやすいことから、結婚や出産後も続けやすく、現役の半数以上が女性だそうです。

治験コーディネーターの平均給料給与
25万円

20代の給料	18万円
30代の給料	23万円
40代の給料	35万円
初任給	15万円〜

治験コーディネーターの平均給料・給与グラフ

18万円　23万円　35万円

20代　30代　40代

※給料の算出には求人や口コミ、厚生労働省の労働白書を参考にしております

対話力　発想力　専門性　安定　外勤　内勤

理学療法士

「光線・寒冷・水・電気すべてを使いこなす『全属性天使』が理学療法士！」

理学療法士

「動作」を司る天使系ジョブ。別名「モーションエンジェル」。電気刺激、温熱、寒冷、光線、水を駆使する「物理療法」や、体操などの運動で、基本的動作能力の回復を図る。

●理学療法士とは

身体に障害のある人、障害の発生が予測される患者さんに対し、基本動作能力（座る、立つ、歩くなど）の回復や維持ができるようにし、日常生活が送れるように支援する仕事です。その部分の基本動作を回復させるため、物理療法や運動療法などにより、リハビリを行います。また、治療や支援の内容については、理学療法士が患者さんそれぞれの目標に向けてプログラムを作成します。理学療法のなかではスポーツリハビリが最も知られているかもしれませんが、老人保健施設などにも理学療法士の仕事はあります。

●理学療法士の仕事の面白さ・向いている性格

理学療法士は、リハビリをして日常生活を送れるようにする、などといった、ひとつの目標に向かって、患者さんと二人三脚で頑張っていく仕事です。患者さんのためにリハビリスケジュールを考えて、実際に物理療法や運動療法などを施したりして、最終目標を達成したときに大きな喜びを感じられます。患者さんと感動を分かち合え、感謝されることは大きなやりがいを感じることですから、専門職として何かを究め、他人のために頑張れる人に向いています。障害のある人、介護者の気持ちを汲んで、確認し、心を通い合わせながら進めていく人を支える医療は、高齢社会の日本にはますます必要になるでしょう。また、こういった仕事は自身の両親の介護が訪れる日にも、役立つ知識となり、自分の親の最後をどのように一緒に過ごすか、そして障害者や高齢者が過ごしやすく生きるのかを考えていくことになります。

●理学療法士のキャリアモデル

専門学校や大学を出て、国家資格をへて理学療法士になるのですが、手取りの平均も約25万円となっており、さらにリハビリのサポートというものは、価値の見えにくい仕事です。それゆえ、理学療法士はなかなか評価の難しい職業ですから、キャリアアップも簡単ではありません。普通に就職し、長く勤めて管理職を目指すか、自分の思う通りの施設を作って開業することです。理学療法士は手堅い職業ではあるので、女性が結婚や出産をしても、そのまま勤めることができる仕事です。開業となるとそうもいきませんが、診療所などに勤務していれば、問題なく子育てをしながら続けられると思います。理学療法士の男女の比率はほぼ半々で、出産しても働ける環境が整いやすいということで、女性のなり手も増加傾向にあります。将来のことを考えれば、女性も安心して選べる資格の一つだといえます。

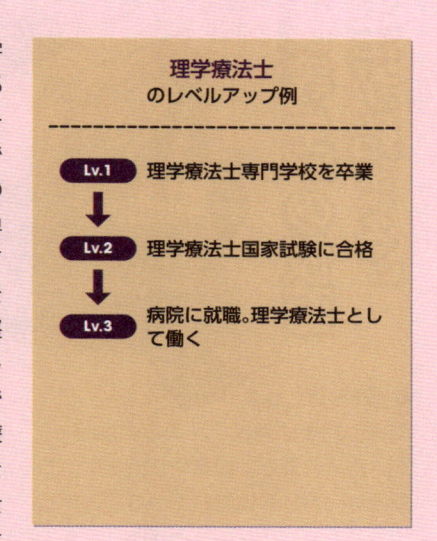

理学療法士
のレベルアップ例

- -

Lv.1 理学療法士専門学校を卒業

↓

Lv.2 理学療法士国家試験に合格

↓

Lv.3 病院に就職。理学療法士として働く

対話力 発想力 専門性 安定 外勤 内勤

臨床心理士

『『イイ子』『エリート』『優等生』の仮面を脱いでから本当の人生が始まる』

臨床心理士
心理系職業の上級ジョブ。「サイコウィッチ」と呼ばれ、メンタル系状態異常を検知・回復させるスキルを有する。クラスには、「学校臨床」「病院臨床」「産業臨床」がある。資格取得難易度はSクラス。

●臨床心理士とは
臨床心理士は患者さんの心の問題に取り組む、心理学専門の仕事です。心の問題を聞き、臨床心理学の知識や技術を用いて、サポートしながら解決に導いていきます。現代社会はストレスに溢れていることから、心の問題を抱えて生活している人が多く、自分自身でも気づかないことがあります。そして精神的な問題を抱えているということを、受け止められない人もいます。心の問題は放っておくと病気に発展する可能性も高く、臨床心理士が話を聞くことで、危険な状態を未然に防ぐこともできるのです。

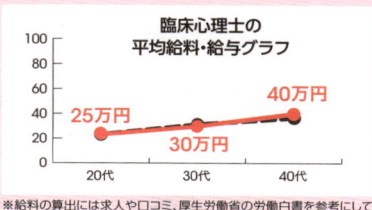

臨床心理士の平均給料・給与	
28万円	
20代の給料：25万円	
30代の給料：30万円	
40代の給料：40万円	
初任給　　：20万円〜	

臨床心理士の
平均給料・給与グラフ

※給料の算出には求人や口コミ、厚生労働省の労働白書を参考にしております

●臨床心理士の仕事の面白さ・向いている性格

患者さんと向き合う時間が長くなりますが、じっくりと向き合って悩みを解決した結果、患者さんの考えや人生が未来へ向かって進んでいく様子を目の当たりにできるので、大きなやりがいを感じることでしょう。ただ、非常に神経を使うのと、精神的にタフであることが必要です。物事を冷静に判断し、分析しながら、感情的にならずに対応できる人、かつ観察力とコミュニケーション能力が高いとなお良いでしょう。患者さんの話を聞くうちに、自分が精神的に参ってしまっては意味がないので注意が必要です。また、人と向き合う仕事だからこそ、自分の存在意義などと深く向き合う機会が多く出てくるので、仕事を通じてあらためて自分のことを見直しながら働くことができます。自分の成長を実感しながら、人の人生を豊かにしていくことに尽力できていると実感できれば、より仕事の面白さを感じることができるでしょう。

●臨床心理士のキャリアモデル

臨床心理士になるには、指定大学院もしくは専門職大学院を目指すことが必須です。指定大学院を修了する、もしくは専門職大学院を修了すると、臨床心理士の資格認定試験を受験することができます。職場は病院、学校、児童相談所、企業などさまざまで、フルタイムでもパートでも働くことができます。また、公共施設などで公務員として働くことも可能なので、年収の差は幅が広いです。結婚や出産をへても続けやすい仕事ですが、臨床心理士の働き場所がさまざまなので、職場の状況にも左右されます。ただ、物腰の柔らかさや女性への対応を求めるクライアントもいることから、女性の活躍の場は広がっていく可能性が高いです。昔から臨床心理士を目指すのは女性のほうが多いといわれており、女性に向いている仕事で長く無理なく働ける職業のひとつとなっています。

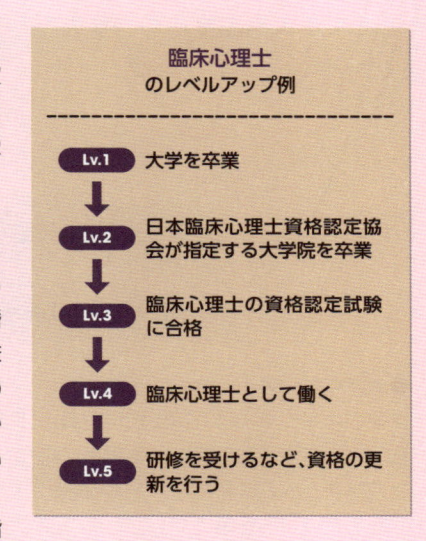

臨床心理士
のレベルアップ例

Lv.1　大学を卒業

Lv.2　日本臨床心理士資格認定協会が指定する大学院を卒業

Lv.3　臨床心理士の資格認定試験に合格

Lv.4　臨床心理士として働く

Lv.5　研修を受けるなど、資格の更新を行う

対話力　発想力　専門性　安定　外勤　内勤

ケアマネージャー

「努力の末に『青春』があるのは
老人も若者も同じ。
ただ、その努力の壁が
高くなるのが老人です」

ケアマネージャー
計画系スキルで、介護プラン作成や介護支援を分析する「コーチングエンジェル」。要介護認定などを受けた介護者に給付計画を立てたり、相談に乗ったりもできる指南役的存在。

●ケアマネージャーとは

ケアマネージャーは介護支援専門員と呼ばれ、要介護認定を受けて介護保険サービスを利用する方やその家族からの相談に応じたり、役所や介護施設、介護サービス会社などと連絡をとって調整を行ったり、患者さんのためのケアプラン（介護サービス計画）の作成をしたりする仕事です。どこの施設で、どのような頻度で、どういった介護を受けるのか、そしてそれを要介護度に応じた限度額の範囲内で決めていきます。超高齢社会のなかで今後増えていく介護の需要に備え、より手厚い介護を行うために活躍する職業です。

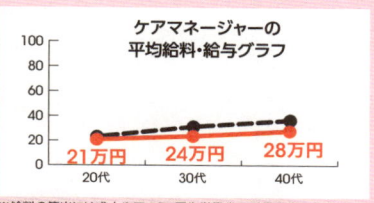

ケアマネージャーの平均給料・給与

24万円

20代の給料：21万円
30代の給料：24万円
40代の給料：28万円
初任給　　：22万円

ケアマネージャーの
平均給料・給与グラフ

21万円　24万円　28万円

※給料の算出には求人や口コミ、厚生労働省の労働白書を参考にしております

●ケアマネージャーの仕事の面白さ・向いている性格

要介護者と真摯に向き合い、介護者だけではなく、その家族のケアもしながら、患者に必要なサービスを選択してケアプランを作るので、患者さんと向き合う時間は長くなります。自分の立てたプランで、一人でも多くの人をケアして穏やかな気持ちになってもらいたいと思い、患者さんたちから感謝の気持ちを伝えられるような瞬間には、やりがいを感じられるでしょう。介護は一歩間違えれば、怪我や事故につながることもあるので、非常に責任の重い仕事ですから、責任感が強いことはもちろん、常に適正な判断ができる人が向いているといえます。もともとヘルパーをしていて、体力的に辛くなった後にケアマネージャーになる人も多いので、介護にたずさわりたいという強い思いも必要です。介護の仕事は責任も重く、本人はもちろん、家族の悩みも尽きないものですが、利用者の笑顔を見ることはどんなことよりも喜びを感じられる瞬間です。

●ケアマネージャーのキャリアモデル

ケアマネージャーになるには、講習会や通信講座、あるいは独学で介護の知識を学び、各都道府県が実施している「介護支援専門員実務研修受講試験」を受験します。受験資格は、保健・医療・福祉分野で5年以上の実務経験があることとされています。合格した後、介護支援実務研修を修了し、介護支援専門員証の交付を受けます。おもな職場は病院や介護福祉施設となり、給与については雇用形態や勤務地によってさまざまです。現在、ケアマネージャーの7～8割が女性で、結婚して子育てをしながら続ける人が多いようです。介護福祉士などとは違い、夜勤勤務がないこともあって、家庭と仕事を両立しやすいようです。また、雇用形態については正社員だけではなく、パート勤務も多いので、子どもが小さいうちはパートにし、その後正社員を目指すといった人もいます。

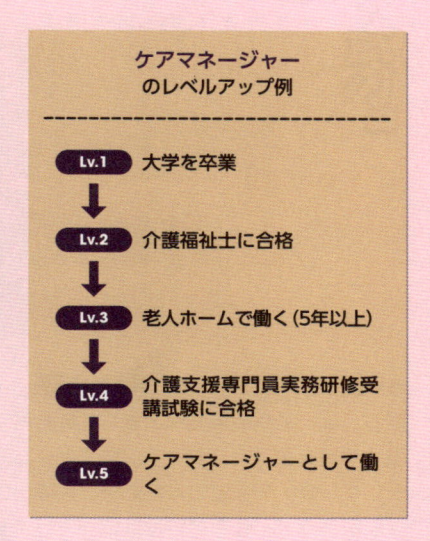

ケアマネージャー
のレベルアップ例

Lv.1　大学を卒業

Lv.2　介護福祉士に合格

Lv.3　老人ホームで働く（5年以上）

Lv.4　介護支援専門員実務研修受講試験に合格

Lv.5　ケアマネージャーとして働く

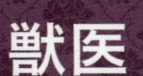

対話力 発想力 専門性 安定 外勤 内勤

獣医

「次の人生を選べるなら私は犬に生まれ変わりたい」

獣医
ビーストを癒やしたり治療したりする能力を持つ「医師」。ノーズキャッチャー・バルザック・レンズ刀などを駆使し、ビーストたちを治癒させる。

●獣医とは

獣医とは、病気や怪我などをして動物病院へやってくる動物の診療、健康管理、動物に関する研究を行う仕事です。動物といっても幅が広く、犬・猫・鳥などの一般的なペット、牛・馬・羊などの家畜を扱う医師、さらに乳業会社や食肉会社、製薬会社で研究をする医師など、仕事内容には幅があります。また、厚生労働省や農林水産省で働く国家公務員の獣医師は、海外からやってくる食品、動物などの病原菌や毒物を国内に流出させないようにすることが仕事です。

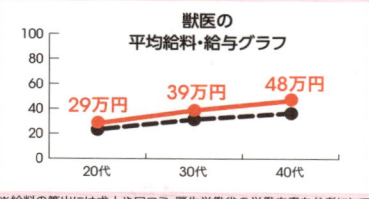

獣医の平均給料・給与
46万円
20代の給料：29万円
30代の給料：39万円
40代の給料：48万円
初任給　　：24万円

獣医の
平均給料・給与グラフ

※給料の算出には求人や口コミ、厚生労働省の労働白書を参考にしております

●獣医の仕事の面白さ・向いている性格

病院に来るさまざまな動物に触れ合えることは、動物好きな人にすればとてもうれしいこと。そして、病気や怪我で苦しんでいる動物たちを自分自身の手で救うことができれば、これ以上のないやりがいを感じることができます。動物たちは言葉が話せないので、表情やしぐさから不調の原因を汲み取り、動物と飼い主の気持ちをケアしながら治療に臨んで動物たちに元気な姿を取り戻してもらえれば、どんな疲れも吹き飛ぶほどの感動を味わえます。獣医師になる人は動物好きであることはもちろんですが、人と接することが苦手では務まりません。治療の際には飼い主とのコミュニケーションも必要ですし、まわりのスタッフと連携して、診療を行っていくからです。そして動物たちは人間よりも身体が小さい分、治療も細かな作業になりますので、几帳面な性格であることも重要です。

●獣医のキャリアモデル

まずは6年制の獣医学部に入学する必要があり、偏差値が最低でも63以上必要という、ハイレベルな学力が求められます。大学を卒業した後、国家試験を受けて資格を取り、動物病院や農業関係団体、研究機関などに就職します。勤め先にもよって異なりますが、病院の院長クラスまでいくと月給35万円ほどとなり、技術と経験によって給与がアップしていきます。動物病院の診療は自由に値段を決められる自由診療であるため、開業して人気の病院となれば、かなりの高収入が得られます。動物への愛情、きめ細やかな仕事などを求められる獣医師は女性にも人気が高く、獣医師全体の約半数が女性といわれています。

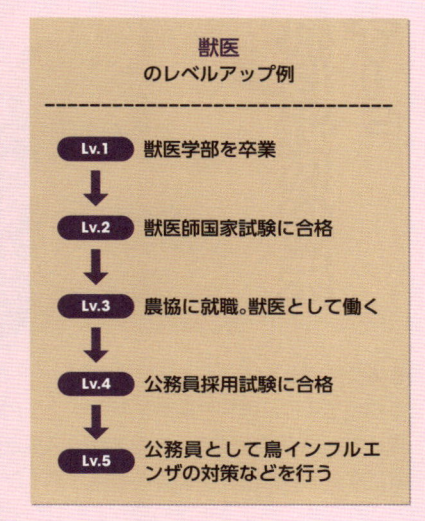

獣医
のレベルアップ例

- **Lv.1** 獣医学部を卒業
- **Lv.2** 獣医師国家試験に合格
- **Lv.3** 農協に就職。獣医として働く
- **Lv.4** 公務員採用試験に合格
- **Lv.5** 公務員として鳥インフルエンザの対策などを行う

しかし、診療に当たる場合は緊急手術や時間外診療など、多忙な生活になってしまうため、結婚して子育てをしながら働くにはハードな職場なので、家族の協力が必須になってきます。

対話力　発想力　専門性　安定　外勤　内勤

歯科技工士

「なぜ磨くのかって？　それは近い将来
金歯のように輝くためです！」

歯科技工士
医療技術系ジョブの一つ。銀歯や差し歯、義歯を精製する。スキル
「研磨」で、歯の細部のディティールまでこだわった最高の一品を作り上げる。美しさや機能性にこだわるため「歯のアーティスト」とも。

●歯科技工士とは

歯科技工士は、歯科医師や歯科衛生士の依頼によって、歯の詰め物や被せる物、入れ歯や差し歯、歯の矯正装置、マウスピースなど、口の中で使われるあらゆるものを作成する仕事です。歯科医師が虫歯のある歯を削った後、歯型をとり、その型が歯科技工士のもとに渡されます。ちょっとでも型があわないと、せっかくの詰めたものをさらに削ったり、きちんとあわなければ詰め物が取れてしまったり、歯がしみて痛いなど、少しの加工の違いで患者さんが不快に思ってしまうので、神経を使う細かい作業が求められる仕事です。

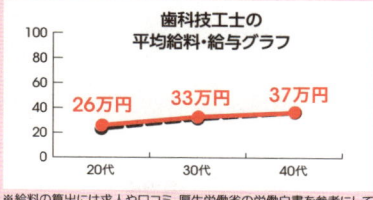

歯科技工士の平均給料・給与
32万円
20代の給料：26万円
30代の給料：33万円
40代の給料：37万円
初任給　　：15万～18万円

歯科技工士の
平均給料・給与グラフ

26万円　　33万円　　37万円

20代　　30代　　40代

※給料の算出には求人や口コミ、厚生労働省の労働白書を参考にしております

●歯科技工士の仕事の面白さ・向いている性格

患者さんそれぞれにあった形の義歯や詰め物などを作り上げる仕事なので、歯科に対する知識を持ちながらも、手先が器用であって、細かくて緻密な作業をコツコツ続けることができる人が向いています。職人のような技術を習得にするには、日々の努力と試行錯誤、そしてチャレンジする気持ちが大事です。また、患者さんと接する機会がないので、人と接するよりは、自分の作業に没頭したい人にはぴったりです。表に出ることはないですが、技術を磨けば独立も夢ではなく、男女の差もなく、技術を身につけることで自分の評価を得られることが歯科技工士の魅力です。最近では歯並びや歯の色など、審美歯科の要求が増加傾向にあり、今後も需要が増えていきますが、３Ｄプリンターなどの技術の進歩や海外輸入も増えつつあるので、より精度の高い技術が求められるので、自分の腕が落ちないように腕を磨きつづけることが重要です。

●歯科技工士のキャリアモデル

専門学校、短大、大学などの歯科技工士養成施設を卒業後、歯科技工士国家試験を受けて合格して保健所に免許申請を行うと、歯科技工士免許証が交付されます。それから歯科技工所もしくは歯科医院、病院に就職します。給与は医療系の専門職としてはやや低めで、長い年月をかけて技術を磨いてキャリアを積んでいかないと、給与アップは難しいでしょう。歯科技工士は時間のかかる長時間労働になることと、自分の腕で仕事をこなしていく技術職であることから、結婚や子育てでいったん現場を離れてしまうと、ブランクの穴を埋めるのは大変です。高い技術を身につけ、頑張って腕を落とさないようにして復職を目指す、という長期プランを考える必要があります。ただ、大きな歯科医院や大学病院など制度が整った職場に勤めることができれば、結婚や出産後も仕事を続けやすいようです。

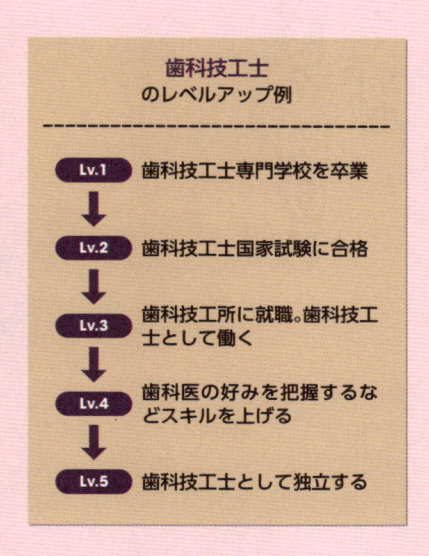

歯科技工士
のレベルアップ例

Lv.1　歯科技工士専門学校を卒業

Lv.2　歯科技工士国家試験に合格

Lv.3　歯科技工所に就職。歯科技工士として働く

Lv.4　歯科医の好みを把握するなどスキルを上げる

Lv.5　歯科技工士として独立する

対話力 発想力 専門性 安定 外勤 内勤

歯科衛生士

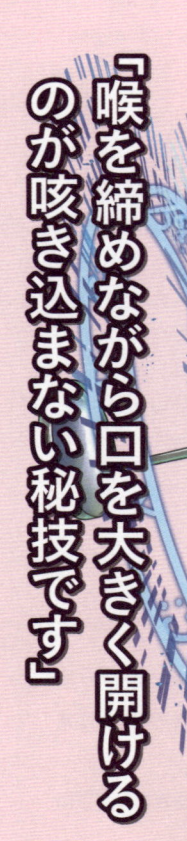

「喉を締めながら口を大きく開けるのが咳き込まない秘技です」

歯科衛生士
歯科医の業務を補助する援護系のジョブ。職場に花をもたらすことから別名「デンタルフラワー」と呼ばれる。スキル「歯石削り」などを駆使し、虫歯予防の援護射撃も行うため、攻防に長けた賢者と称される。

●歯科衛生士とは

歯科衛生士は、患者さんの口の中の健康をサポートする役割で、歯科予防処置、歯科診療補助、歯科保健指導の業務を行います。口の中に手を入れて仕事をすることができない「歯科助手」とは違い、歯石や歯垢といった口の中の治療を行えるのは「歯科衛生士」であり、国家資格である歯科衛生士試験に合格し、厚生大臣の免許を受けることが必要です。歯の健康に関するスペシャリストという職業で、いわば歯科医院の看護師のような存在であり、女性が中心となって活躍しています。

歯科衛生士の
平均給料・給与グラフ

20万円　25万円　24万円

※給料の算出には求人や口コミ、厚生労働省の労働白書を参考にして
おります

●歯科衛生士の仕事の面白さ・向いている性格

口の中をケアする仕事なので清潔感を持つことと、小さな子どもからお年寄りまで幅広い年齢層が来るので人と接することが好き、そして歯石とりなどの細かい作業が多いので、手先が器用であることも重要です。痛くて嫌い、怖くて行きたくないなどという不安要素をイメージされがちな歯科医院で、患者さんの気持ちをケアしながら、虫歯や歯周病を改善していきます。その様子を直接見ることができるので、仕事への達成感を感じながら働くことができ、患者さんが笑顔で治療を終えて帰る姿を見ることは、仕事を頑張る気持ちの支えになります。また、歯科医師のサポートをするときにはタイミングを見て作業をする必要があり、丁寧な気づかい、先を見て判断して行動する力が求められるので、女性のほうが向いているといわれる職業のひとつです。女性ならではのきめ細やかさを発揮して、長きにわたって患者さんと寄り添えるようにしましょう。

●歯科衛生士のキャリアモデル

高校卒業後、専門学校、短大、大学の歯科衛生士養成機関で勉強し、歯科衛生士の国家試験を受けて合格し、免許を得てから歯科医院もしくは保健所、企業の診療所に勤めます。ほとんどの人が個人の診療所に勤めるので、キャリアアップを目指すなら、フリーランスとして複数の歯科医院を掛け持ったり、ある程度の規模の病院や介護施設、もしくは歯ブラシメーカーへの転職をしたりするなど、技術と知識を違う道へ活用することも考えたほうがよいでしょう。ただ、女性の成り手が多い職業ということから、結婚や出産で離職する人が多く、慢性的に人手不足の状態なので、求人は常に出ていることから、いったん仕事を離れても復職しやすいようです。自分の生活スタイルにあわせて働くことが可能なので、資格を持っていればいつでも働けるという女性にとってはありがたい職業です。

歯科衛生士
のレベルアップ例

Lv.1 高等学校を卒業

↓

Lv.2 歯科衛生士専門学校を卒業

↓

Lv.3 歯科衛生士国家試験を合格

↓

Lv.4 歯科医院に就職。歯科衛生士に

対話力　発想力　専門性　安定　外勤　内勤

歯科医

「歯牙春色!! ほほえみながら虫歯を消滅させましょう」

歯科医
歯に特化した医術職。ドリル・麻酔を使い虫歯の治療を行う、別名「削り屋」。また「ホワイトニング」「歯列矯正」「インプラント」などの美容スキルを取得し歯を美しく魅せる治療を行うことも可能だ。

●歯科医とは
歯科医は歯を専門に治療する医師で、歯、歯茎などの口腔内、がく（顎）、顔面下部にかけての疾病を診療します。歯の治療としておもに虫歯、入れ歯、矯正、歯周病があり、さらに詳細をいうと、抜歯、充填（歯に詰め物をする）、麻酔注射、レントゲン、入れ歯の型取りなど、多岐にわたります。また、子どもの成長にともなう歯並びのチェックや歯列矯正、ホワイトニングなど歯をきれいに見せる審美歯科など、歯の中でも専門分野に特化する歯科医院もあります。

歯科医の1日

08:20	出勤。朝礼
09:00	診療開始
12:30	休憩。資料作り
14:30	全体ミーティング
15:00	診療再開
18:00	診療終了。後片付け後、帰宅

●歯科医の仕事の面白さ・向いている性格

歯を削ったり、噛み合わせを見たり、細かな作業が多いので、手先が器用で几帳面な人が向いています。そして、歯の悪いところを直し、きれいにすることが目的であるので、清潔感も必要です。現役の歯科医は開業医として活躍する人がほとんどなので、歯科医としての能力だけではなく、病院を運営するという経営能力も問われます。人を雇って教育し、コストを管理して経営を保ち、口コミで評判を広めていくことです。歯科医院は客商売という側面が大きいので、患者さんには長く通い続ける常連さんになってもらうことが重要ですから、「歯医者は怖い」というイメージを払拭しながら、コミュニケーションを楽しめることも条件のひとつになります。そういう意味では、男女の差がなく、患者さんとのつながりを考えながら、病院経営をしていくという、歯科医としての技術だけで成功するわけでもない職業です。

●歯科医のキャリアモデル

6年制大学の歯学部を卒業し、歯科医師国家試験に合格した後、勤務医をへて、開業医を目指すのが一般的です。開業医となれば、個人の手腕によって収入はまったく変わります。経営がうまくいっている歯科医であれば、年収1000万円以上を超える人も珍しくはありません。病院経営以外に収入アップを目指すとしたら、新しい技術を勉強して取り入れていくことで、審美歯科やインプラントなどの専門技術を身につけることです。他の医師に比べて、歯科医は開業医ではなくても当直や緊急呼び出しという勤務形態がほとんどないため、女性が結婚・出産をし、子育てをしながらでも働きやすい職業です。もちろん、治療方法などの勉強や研修会などに参加すれば、時間は必要ですが、子育てを最優先とするならば、自分の都合にあわせて勤務時間をコントロールできる、パート勤務の歯科医として働くこともできます。

●歯科医の難しいところ

歯科医になるためには、高い学費のかかる大学に行く必要があるのですが、そのわりには儲けが少ないといわれるようになっています。高収入を得るためには、常に新しいことを勉強して技術を磨くことはもちろん必要ですが、医院経営という歯科医としての知識とはまったく違うこともこなさねばならないことです。さらに、経営手腕があるだけではダメな理由として、歯医者は常連が通う場所、つまり患者さんからの口コミが重要です。最近はインターネットに病院の感想を容易に書き込むことができますし、病院の口コミサイトというものも存在します。患者さんの評価によっては人気が高まることもあれば、逆に落ちることもあります。患者さんに親身になって接して、治療の腕とともに接客の技術を磨く必要があるのです。

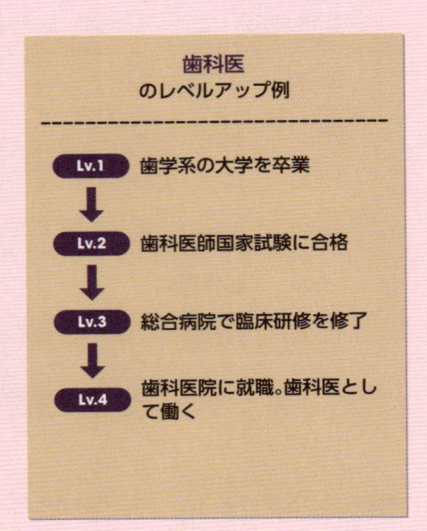

歯科医
のレベルアップ例

- **Lv.1** 歯学系の大学を卒業
- **Lv.2** 歯科医師国家試験に合格
- **Lv.3** 総合病院で臨床研修を修了
- **Lv.4** 歯科医院に就職。歯科医として働く

●歯科医から転職するなら

歯科医からの転職を考える場合、やはり歯にまつわる職業に就くことでしょう。歯科技工士として職人のように歯の詰め物などを作成する道へ進む、もしくは、歯科衛生士となって歯科医院に勤めるのではなく、歯周病予防の講義やレッスンなどを行っていくことです。歯の健康を考えている企業、たとえば歯ブラシやお菓子のガムのメーカーなども考えられますが、一般職に転職する場合は資格があっても高待遇は望めないでしょう。昨今はワーキングプア歯科医という言葉もあるようで、歯科医になっても経営が難しいといったことで破綻する人もいます。転職を考える人も少なくないようですが、国家資格を取得しているのですから、歯科医としてどうすれば成功するのかを考えて、専門分野の特化など、歯科医としての道を再検討するほうが良いでしょう。

歯科医の平均給料・給与

52万円

- 20代の給料：35万円
- 30代の給料：52万円
- 40代の給料：60万円
- 初任給　　：20万円〜

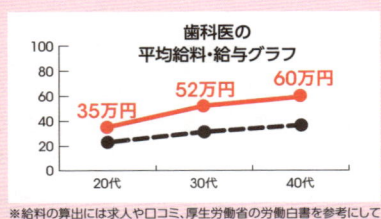

歯科医の
平均給料・給与グラフ

35万円　52万円　60万円

※給料の算出には求人や口コミ、厚生労働省の労働白書を参考にしております

その他の職業

対話力 発想力 専門性 安定 外勤 内勤

通訳

「私たちは共通の言葉をやっと手に入れました。さあ天に届くバベルを建てましょう」

通訳

さまざまな言語のスペシャリスト。神の意思によって引き裂かれた言葉を、一つに統一するジョブでもある。通訳により、世界の認識が一つになったとき、バベルの塔が再び建てられるといわれている。

●通訳とは

通訳とは、言語の異なる人たちが互いの言葉を理解できない、話すことができないときに、間に入って、その言葉を口頭で翻訳する仕事です。通訳にはおもに2種類の方法があり、一つは取材などでよく使われる、発言者の言葉が途切れるまで待ち、まとめて通訳しながら会話を続ける逐次通訳。もう一つは国際会議やニュースなどで使われる、話し手の言葉を聞くと同時に通訳しながら話す、同時通訳です。同時通訳は非常に高いレベルが要求され、一人で長時間続けることはできないので、交代しながら行われます。

通訳の1日

09:00	現場に到着後、打ち合わせ
10:00	通訳業務
12:30	クライアントとランチミーティング
14:00	通訳業務
16:30	担当者と打ち合わせ
17:30	帰宅。翌日の資料、案件の確認

●通訳の仕事の面白さ・向いている性格

母国語はもちろん、ほかの国の言葉も好きで、その国の文化まで知ることを楽しめる人ならば、通訳の仕事を楽しんでこなすことができるでしょう。通訳は人と人をつなぐことなので、初対面の人と会う機会が多く、人付き合いが上手であることも重要です。一度、通訳として同行して気に入られてから、ずっと通訳をしている、といったこともよくあります。もちろん、スキルを磨いたうえで、発言者の言葉の意味を理解、かつ正しい解釈をし、ニュアンスを間違えずに、意味を変えないように翻訳して伝える仕事には高い集中力も必要です。さらに、事前に発言者の情報についても知っておくとスムーズなので、発言者について勉強することもキャリアを高めるには大事です。常に語学はもちろん、通訳する相手のことまで勉強する向上心と自分の好きなことを仕事にしたいという情熱をもって取り組むことです。

●通訳のキャリアモデル

英会話ができるだけでは通訳にはなれない、といわれるほど、通訳と会話はまったく違うものです。外語系大学や海外留学などで語学を勉強したうえで、大学の通訳者育成コース、もしくは通訳者養成学校に通う人がほとんどです。そのあと、通訳のエージェントや派遣会社に就職、もしくは登録して仕事を斡旋してもらいます。フリーランスあるいは専属といった方法もありますが、実績がない状態では難しいので、まずは通訳会社への就職が一般的です。通訳は年齢や性別に関係なくできる仕事であることから、女性にも人気の高い職業で、現役通訳者の9割が女性といわれています。通訳は長時間拘束という状況があまりないので、結婚、出産、子育てをしていても続けられるうえに、フリーランスになって顧客がついていれば、自分の時間に都合をあわせてくれるようなこともあるでしょう。

●通訳の難しいところ

そもそも日本語という言葉は、あいまいな表現が多いので、海外の人には理解されない、もしくは通用しないことも多々あります。その表現をどのように海外の人に伝えるとうまくいくのか、頭を使いながら翻訳していく必要があります。特に、ビジネスの場では、そのときの通訳の仕方によっては交渉が成功する、もしくは決裂することがあるのです。通訳者は発言者にかわって「重要なことを左右する言葉を発言している」ので、重要な任務を背負って仕事をしている自覚を持って臨まなければなりません。つまり、高い語学力を持っていることは当然ながら、さまざまな状況下での通訳の経験を積んでいくことで、単に翻訳するだけではなく、ビジネス的なコミュニケーションをうまくとれるような気づかいをしながら通訳をしていくことが求められるのです。

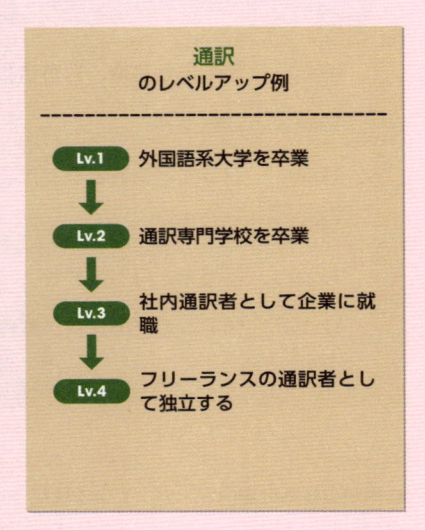

通訳
のレベルアップ例

Lv.1 外国語系大学を卒業

↓

Lv.2 通訳専門学校を卒業

↓

Lv.3 社内通訳者として企業に就職

↓

Lv.4 フリーランスの通訳者として独立する

●通訳から転職するなら

なかなか人とのつきあいがうまくいかない場合、通訳ではなく、翻訳家を目指すのもよいでしょう。通訳としてのスキルがあるならば、物語や実用書の翻訳の仕事もこなすことができます。もちろん、通訳と翻訳にも違いはありますが、言語で発する通訳とは違い、データや文字になるものなので、あとから修正することも可能です。勉強は必要ですが、高い語学力を活かさない手はありません。または、日本を訪れる外国人観光客をサポートする通訳案内士の仕事もあります。通訳案内士になるには、国家資格が必要で語学だけではなく、日本の歴史や文化などの幅広い知識が求められます。語学を勉強するうちに、その土地のことも知っていくと興味がさらに湧いた、といったことがあれば、通訳案内士の仕事はより面白いと思えるでしょう。

通訳の平均給料・給与
50万円
20代の給料：35万円
30代の給料：50万円
40代の給料：63万円
初任給　：3万円〜

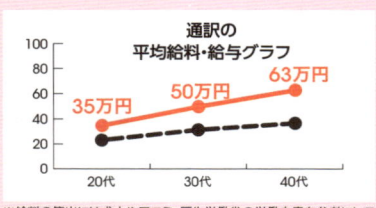

通訳の
平均給料・給与グラフ

35万円　50万円　63万円

※給料の算出には求人や口コミ、厚生労働省の労働白書を参考にしております

対話力　発想力　専門性　安定　外勤　内勤

テーブルコーディネーター

「笑顔でいるなら食事の仕方に定義はありません」

テーブルコーディネーター
食卓から食事メニューまでを一つの物語として紡ぐ架け橋。スキル「おもてなしの心」は、飾りだけでなく、心を込めた裏側までも演出する。

テーブルコーディネーターとは、テーブル全体の雰囲気を演出する仕事です。料理を盛り付ける食器やテーブルクロス、ランチョンマット、キャンドル、お花といった装飾物など、食卓を取り囲む空間全体をレイアウトします。自分のセンスが大きく仕事に左右する一方で、さまざまな観点から物事を見て判断する人に向いています。食空間コーディネーター資格試験を受けて資格を取得し、フリーランスで活動するか、教室やスクールを開くという人が多く、子育て中でも自宅で教室を開くこともできます。

テーブルコーディネーターの平均給料給与

22万円

20代の給料：15万円
30代の給料：20万円
40代の給料：30万円
初任給　　：15万円〜

テーブルコーディネーターの平均給料・給与グラフ

15万円　20万円　30万円

※給料の算出には求人や口コミ、厚生労働省の労働白書を参考にしております

対話力　発想力　専門性　安定　外勤　内勤

カラーコーディネーター

カラーコーディネーター
配色の助言をする色彩マスター。人と色を調和させる。背中の「光輪カラーチャート」は、その人に適した色を示し、幸福をもたらす。

「アナタの色が知りたいのであれば、己の瞳の奥を見なさい。答えはそこにあるわ」

カラーコーディネーターは、ファッションやメイクなどのカラーアドバイスや、商品企画、ビルのインテリアなどの色彩計画を担当する仕事です。資格としては、色彩検定やカラーコーディネーター検定試験などがありますが、必ずしも必要ではありません。色彩感覚や色についての知識を持ったうえで、人を納得させられる美的センスがある人に向いています。結婚や出産をへてからでもなれますが、求人は少なく、メーカーの企画部門などへの就職を検討しましょう。

カラーコーディネーターの平均給料給与

20万円

20代の給料：15万円
30代の給料：20万円
40代の給料：25万円
初任給　　：15万円〜

カラーコーディネーターの平均給料・給与グラフ

15万円　20万円　25万円

※給料の算出には求人や口コミ、厚生労働省の労働白書を参考にしております

対話力　発想力　専門性　安定　外勤　内勤

市役所職員

「幾千万、幾億のクレームから導き出された答えが今の市政である！」

市役所職員
地域を作る公務員系ジョブ。産業振興や防災の職務を行う「事務部」、都市計画や工事設計の職務を行う「技術部」などのクラスがある。市政への不満などを一手に引き受けるため、スキル「笑顔対応」は必須。

●**市役所職員とは**

市役所職員とは、それぞれの部署によって仕事内容が変わるので、一概にはいえませんが、決まりきった仕事をやることになる一方、中枢部では企画立案をする必要があるなど、配属先によって仕事内容や面白さが異なります。一般的な企業でいえば、事務職のような仕事が多くなってくるので、庶務とも呼ばれます。税金、健康保険、年金などの手続きから、新規事業の提案、自治体を盛り上げる企画も検討するなど、基本的には市内に住んでいる人のための業務をこなす職業です。

市役所職員の1日

08:30	登庁。メールチェック、打ち合わせ
10:00	文書作成。窓口業務
13:00	業者を交えた打ち合わせ
15:00	資料作成。電話対応
16:00	会議
18:00	退庁

●市役所職員の仕事の面白さ・向いている性格

市役所の採用試験（公務員試験）を受けることになり、試験区分は最終学歴によって「上級」「中級」などと区分され、ほかにも「民間企業職務経験者」「免許・資格職」というような分け方もあります。免許や資格職でいえば、地域の保健センターに勤めるといったような保健師などになります。学歴不問で試験を受けることができるので、「いままで勉強していなかった」という人でも、これから頑張ることで目指せる職業です。基本的には地域住民の窓口業務なので、住民から感謝されるように接し、決まりきった仕事をうまくこなせる几帳面な人が向いているでしょう。ただし、配属先によっても仕事内容が変わってくるので、臨機応変に対応することも必要です。逆に、配属先によって内容や面白さが違うので、自分の仕事に飽きることなく、新しいことを勉強できる可能性もあることが楽しみのひとつであるといえます。

●市役所職員のキャリアモデル

長く働いてコツコツとキャリアを積むことが第一です。給料は各都道府県によってバラつきがあるので、給与だけでみれば都心部に引越しをして就職を狙うほうがよいでしょう。ただ、市役所職員になるというのは、その場所の財政を考えながら、市民がより住みやすい豊かな街にすることです。職人的な技術を身につけるというよりは、市民のことをどこまで考えていくか、を追求していくことで、市役所職員としてのキャリアアップをしていくほうがよいでしょう。一般企業に比べれば、有休などの休みも取りやすいことが多いので、女性が産休、育児休暇をきちんと取得し、復職しやすい職業です。残業もあまりない職業なので、「時短勤務にして気まずい思いをする」ということも少なく、子どもをいっぱい作って、子育てしながらきっちり働きたい、という人には適しています。

●市役所職員の難しいところ

部署によって業務内容が変わるので、いままでの仕事とまったく違う部署に異動になった場合は、経験不足からうまく仕事をこなすことができず、ストレスになったり、勉強をしなくてはならなかったりという苦労があります。また、窓口業務をこなすときに、窓口に訪れる市民に対して対応するのは、喜びよりも辛く感じることが多くなるかもしれません。市民が窓口に来るときは、何かに困っているか、役所関係の書類が欲しいか、といった不慣れなことをやりに来ていてストレスが多い状態です。そこで書類の不備で何かを断ったり、対応が遅れたりすれば、怒ってしまったり、文句を言ってきたりと、クレームになりやすいのです。そういったクレームが多い状況が日常茶飯事な職場で、反論せずに、あわてずに、丁寧に対応しなくてはならないことが一番大変でしょう。

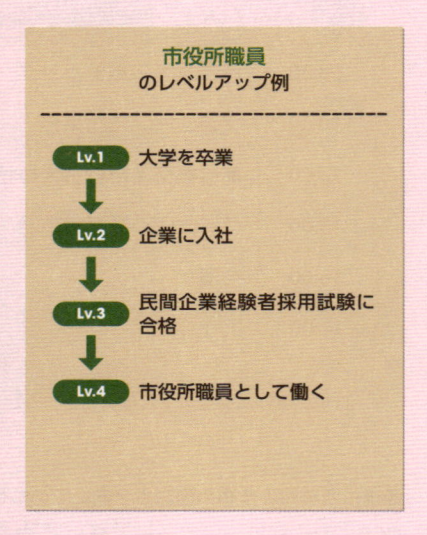

市役所職員のレベルアップ例

Lv.1	大学を卒業
Lv.2	企業に入社
Lv.3	民間企業経験者採用試験に合格
Lv.4	市役所職員として働く

●市役所職員から転職するなら

現状の仕事のスキルを活かした転職をするなら、配属されていた部署に仕事を考えて、つながるような仕事を検討するのがよいでしょう。もしくは、決まりきった仕事はつまらない、といった理由でまったく違うことをやりたいのであれば、一から勉強するぐらいの気持ちで考えます。公務員は給与、福利厚生などの待遇も安定していますので、単純に一般企業への転職を希望する、といっても現実的にはよほどの理由がない限り難しいと思われます。転職を考えている理由が薄いと、周囲にも「公務員なんだからもったいない」ということを言われるかもしれませんが、自分の夢がある、本当にやりたいことが見つかった、ということであれば、「失敗してもいいからやってみたい」という覚悟を持ってチャレンジするのもいいでしょう。

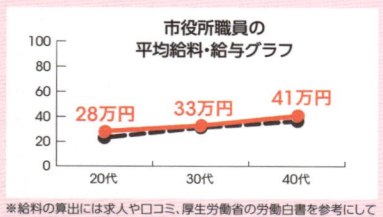

市役所職員の平均給料・給与

41万円

20代の給料：28万円
30代の給料：33万円
40代の給料：41万円
初任給　　：13万円〜

市役所職員の平均給料・給与グラフ

28万円　33万円　41万円

※給料の算出には求人や口コミ、厚生労働省の労働白書を参考にしております

野菜ソムリエ

対話力 | 発想力 | 専門性 | 安定 | 外勤 | 内勤

「野菜果物だって愛を表現しないといじけますし、グレますよ」

野菜ソムリエ

野菜果実の知識に特化した回復系ジョブ。魂を吹き込んだ「野菜獣」を操る。野菜獣を食した人は本来のうまさを体験し幸福になれるという。

野菜ソムリエは、野菜や果物に対して目利きができ、栄養価、調理法などの知識を持った、野菜に関するスペシャリストです。野菜ソムリエになるためには、講習を受けて課題を提出し、修了試験に合格することが必要です。比較的に簡単に資格をとることができ、執筆業、イベント講師、仕入れ、配達業務などがメインの仕事になります。野菜と果物の知識を持つ職業ということもあり、女性人気が高く、この職業だけで稼ぐなら上級の「シニア野菜ソムリエ」を取得できるように努力するほうがよいでしょう。

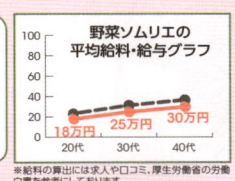

野菜ソムリエの平均給料・給与

22万円

20代の給料：18万円
30代の給料：25万円
40代の給料：30万円
初任給　　：15万円

野菜ソムリエの平均給料・給与グラフ

18万円 | 25万円 | 30万円
20代 | 30代 | 40代

※給料の算出は求人や口コミ、厚生労働省の労働白書を参考にしております

フィギュアスケーター

営業力 | 発想力 | 専門性 | 安定 | 外勤 | 内勤

フィギュアスケーター

氷上に召喚されしスピン王国の妖精。スキル「トリプルアクセル」は、回転にさらに回転を加え、銀盤のコマに変身する特殊スキル。

「どんなに回転しても変形しても私の心の軸は絶対にぶれません」

フィギュアスケーターは、スケート靴を履き、音楽にあわせて氷上で踊ったり、ジャンプをしたりと、自分の技を人々に「魅せる競技をする」職業です。ほとんどの選手がオリンピックなどでメダルをとることを目標とし、幼い頃からスケートに親しみ、評判のよいコーチのもとで練習を積み、大会に出場して上位を狙います。人気が出れば、スポンサー契約などを勝ち取ることもでき、収入も大幅にアップします。女性には人気がある職業ですが、目指すのであれば幼い頃から取り組まないと難しいでしょう。

フィギュアスケーターの平均給料給与

94.3万円

20代の給料：94.3万円
30代の給料：0万円
40代の給料：0万円
初任給　　：100万円～

フィギュアスケーターの平均給料・給与グラフ

94.3万円

0万円 | 0万円
20代 | 30代 | 40代

※給料の算出は求人や口コミ、厚生労働省の労働白書を参考にしております

対話力　発想力　専門性　安定　外勤　内勤

レスリング選手

「最強の称号を得ても老いは若さに勝てない。だから今しかないんです」

レスリング選手
グラディエイター系職業の一つ。素手のみを武器に、相手の肩を地面につける仕事。クラスチェンジは「プロレスラー」「総合格闘家」「レスリングコーチ」などであるが、金メダルを取れば「芸能人」にも。

●レスリング選手とは

レスリングとはヨーロッパが発祥の格闘技。マットのサークル内で素手で組み合い、相手の両肩を1秒以上マットにつけることで勝敗を決めるものです。決めた技によって1ポイントから4ポイント以上が加算され、勝敗が決まらなければ獲得したポイントによって判定されます。そのレスリングの試合に出場すれば、レスリング選手といえますが、ワールドカップやオリンピックで活躍し、良い成績をおさめないと、仕事であるとはいえません。知名度の高い選手のほとんどが、会社のレスリング部に所属しています。

レスリング選手の平均給料・給与
28万円
20代の給料 ： 21万円
30代の給料 ： 28万円
40代の給料 ： 35万円
初任給　　： 不明

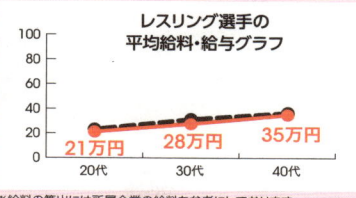

レスリング選手の平均給料・給与グラフ

21万円　28万円　35万円

20代　30代　40代

※給料の算出には所属企業の給料を参考にしております

●レスリング選手の仕事の面白さ・向いている性格

体を動かすことが好きで、運動神経に自信があること、そして目標に向かって諦めずに日々努力をすることができる人というのは基本で、そこから選手になれるのは一握りです。レスリング選手に資格が必要なわけではないので、子どもの頃からレスリングクラブに通い、運動能力を磨くことが、レスリング選手への第一歩です。日本はレスリングが強い国で、特に女子レスリングは毎回オリンピックで金メダルラッシュに沸く競技です。一流のレスリング選手になれば、オリンピックに出場し、注目され、金メダルを獲得して世界一になることができます。練習は辛くて厳しいものになりますが、一流選手までたどり着ければ、有名人になって世界中から注目されます。特に女子レスリングは注目度が高いので、一般的な仕事とは違い、世界中の人々から応援してもらえる面白さがあるでしょう。

●レスリング選手のキャリアモデル

子どもの頃から大会に出場しながら好成績を残し、高校や大学のレスリング部に入部して有名になること。そしてレスリング部のある会社に入って、お金の面でサポートを受けます。そこから国際大会、ワールドカップ、オリンピックなどを目指していきます。そこで金メダルを取ることができれば、注目度が一気に高まり、CM契約や有名企業とのスポンサー契約などが大きな収入につながります。ただ、スポーツ選手ですから、結婚はまだしも出産を経験して、子育てをしながら同じような能力をキープして復帰することは難しいでしょう。スポーツ選手はどんなに強くなっても日々の練習を怠らないことが重要です。周囲の手厚いサポートがないと、復帰も困難な場合がありますので、まずは結婚や出産よりもレスリングを究めることに集中したほうがよいでしょう。

レスリング選手のレベルアップ例

- **Lv.1** 子どもの頃からレスリング道場に通う
- **Lv.2** 世界カデット選手権で優勝
- **Lv.3** 世界ジュニア選手権で優勝
- **Lv.4** オリンピック代表選手選考試合で優勝
- **Lv.5** オリンピックで金メダル獲得。指導者として働く

対話力 発想力 専門性 安定 外勤 内勤

フードファイター

「いかなる食べ物にも敬意を払いなさい。それがあなたを作るのだから」

フードファイター
強靭な胃袋と腸を駆使し、制限時間内にどれだけ多くの食べ物を制することができるかを勝負する超特殊格闘ジョブ。スキル「ブラックホール」は、異次元を召喚し、食べ物を食べつくす大食い技の一つだ。

●フードファイターとは

フードファイターとは、大食いや早食いを競技としてさまざまな大会に出場して賞金を稼ぐ職業です。飲食店で行われているデカ盛り、メガ盛りなどのチャレンジメニューに挑戦したり、テレビ番組の「大食い選手権」などに出場したりして、知名度を上げて自らフードファイターを名乗ります。また、2001年には、テレビなどで有名になったフードファイターたちが、早食い・大食い競技をスポーツとして確立するために「Food Fighter Association」という任意団体を設立しています。

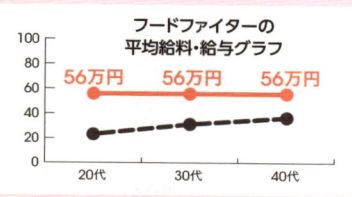

●フードファイターの仕事の面白さ・向いている性格

とにかく食べることが好きなことは絶対条件で、他人よりも食べる量がかなり多いと思うならば、自らの努力で目指せる職業です。ただ、食べる量は少し多いかな、という程度ではまったく歯が立たないので、テレビなどでフードファイターがどのくらい食べているかは確認したほうがよいでしょう。注目されて知名度を上げなければ、仕事として生業にするのは難しいので、自分を目立たせてアピールできることも必要です。女性にとっては、食べることが好きという条件はクリアできても、男性より量を食べるのは体の大きさからいってもなかなかハードルが高いので、最初からハンデがあると思って食べる訓練を積んでいくのがベターです。フードファイトにはさまざまなメニューが出てくるので、大前提として好き嫌いをなくすこと、かつ何でも噛み切れるように顎の力が強くなるよう鍛えておくことが重要です。

●フードファイターのキャリアモデル

まずは「完食できたら1万円」などの一般店のチャレンジメニューに挑戦しながら、大会やテレビ番組の出場を目指します。最近は食べることだけではなく個性も注目されるので、そういったアプローチも必要です。大会で賞金を獲得するほか、テレビ番組に出るようになってタレント化していけば、CM契約やテレビ番組でのグルメレポーター、書籍出版などの仕事も期待できます。また、アメリカではスポーツとして扱われ、スポーツ専門チャンネルでフードファイトを放送し、大会に出て賞金を稼ぐ選手は「プロフードファイター」とされています。大会に出ると賞金のほかに出演料も稼ぐことができ、有名選手であれば年収1000万円超えもあるそうです。

**フードファイター
のレベルアップ例**

Lv.1　食べる

Lv.2　ひたすら食べる

Lv.3　早食い大会で優勝し、フードファイターとして有名に

Lv.4　渡米し、舞台をアメリカに

Lv.5　アメリカの早食い大会で連覇し、アメリカでも有名に

女性が結婚や出産をへても続けることはできますが、フードファイターとして活躍できる年数は短いので、引退を決意するまで結婚などは控えたほうが良いでしょう。

Nutritionist

対話力 ｜ 発想力 ｜ 専門性 ｜ 安定 ｜ 外勤 ｜ 内勤

栄養士

> 「同盟を組む栄養素、敵対する栄養素
> 一匹狼な栄養素。
> 調べれば調べるほど人間のようですわ」

 栄養士

食事と栄養を司る補助系ジョブ。別名「ヘルシーメイジ」。栄養指導を得意とし、スキル「献立作成」は食育やダイエットに効果を発揮、人々の健康な生活をクリエイトする。

●栄養士とは

栄養士は都道府県から免許を交付される国家資格で、おもに健康な方を対象にして栄養指導や給食の運営を行います。個人や団体グループに食事や栄養についてアドバイスをしたり、食事の献立を作ることや食材を発注、そして食事の栄養素の計算をすることが仕事になります。また、病気の方や高齢者、健康な人に対して専門知識を持って栄養指導管理を行う人は管理栄養士といい、管理栄養士は管理栄養士国家試験に合格して、厚生労働大臣の免許を受ける必要があります。

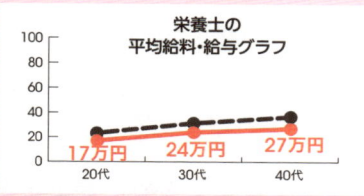

栄養士の平均給料・給与

23万円

20代の給料：17万円
30代の給料：24万円
40代の給料：27万円
初任給　　：18万円

栄養士の
平均給料・給与グラフ

17万円　24万円　27万円

※給料の算出には求人や口コミ、厚生労働省の労働白書を参考にしております

●栄養士の仕事の面白さ・向いている性格

自分で料理をするというよりも、その食事を摂取することで体にどんな栄養がいき、どんな能力を高めることができるのか、などといったデータに興味がある人に向いています。食事は人生において欠かせないものですから、食べることは生きていくことにつながります。そんな大事なことに関わることができ、誰かが健康な体になっていくことは、喜びややりがいを感じるでしょう。昨今は外食産業の発展によって、日本の台所事情も大きく様変わりしています。そのため、健康な体を考えたい、という需要は年々高まってきています。また、栄養士は栄養指導ということで人と関わることが多いので、人と接することが好きであるというのも重要です。現役の栄養士は女性の割合のほうが多く、女性が目指す職業として人気が高いものとなっています。実際、男性が結婚したいと思う女性の職業として栄養士は上位にランクインする職業です。

●栄養士のキャリアモデル

栄養士は厚生労働大臣が指定する所定の栄養士養成施設を卒業すると、資格を取得できます。管理栄養士は2年制の養成施設なら実務経験3年以上、4年制の養成施設なら卒業と同時、といったように規定の国家試験の受験資格を得て受験します。資格取得後は、民間企業や病院、介護施設へ就職する人がほとんどです。基本的には栄養士の経験を積んでから管理栄養士の資格を取得し、キャリアアップを目指しますが、さらに高収入を目指すのであれば、独立してフリーランスとなって働くこともできます。その場合は、フードコーディネーターなど他の資格ももって、講演会や料理教室を開くなど、幅広い活動を考えるべきでしょう。女性が結婚や出産しても、企業に勤めていれば復職も問題なくできますので、自分のライフスタイルにあわせて長期的に働きやすい職業のひとつです。

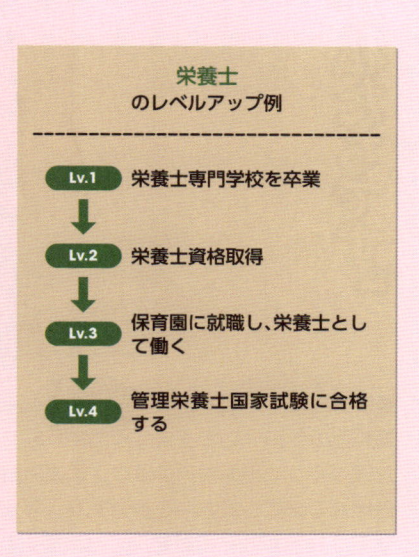

**栄養士
のレベルアップ例**

Lv.1　栄養士専門学校を卒業

Lv.2　栄養士資格取得

Lv.3　保育園に就職し、栄養士として働く

Lv.4　管理栄養士国家試験に合格する

対話力　発想力　専門性　安定　外勤　内勤

警察官

「平和とは何なのか。常に考え続けてるのが私たちです」

警察官
警察法に定められし公務員系ジョブ。治安維持に最高のパフォーマンスを発揮する。クラスチェンジは、巡査、巡査長と続き、最上級クラスは「警察庁長官」。スキル「職務質問」は絶対不可避の尋問技だ。

●警察官とは
警察官の仕事はさまざまな部門から成り立ち、組織は国の行政機関として安全に関わる法律づくりや犯罪対策のほか、都道府県警察など組織全体の調整を行う「警察庁」と、各地域で発生した事件を担当する「都道府県警察」の2つに分かれています。都道府県警察は交番や駐在所勤務の「地域警察」、ストーカーや少年の非行に取り組む「生活安全」、事件捜査の「刑事警察」、交通違反を取り締まる「交通」、法令審査などを行うデスクワーク中心の「総務・警務」と幅広い業務があります。

警察官の
平均給料・給与グラフ

26万円　35万円　49万円

※給料の算出には求人や口コミ、厚生労働省の労働白書を参考にして
おります

●警察官の仕事の面白さ・向いている性格

第一に必要なものは正義感です。街に暮らす人々の安全を守りたいという思いで働くことが、何よりも大事です。そして人々への気配りの心と、困っている人を助けるという優しさを持って、日々の業務に勤しむことができれば何よりです。何か問題が起こったときに自らの働きで解決できれば、かなりの達成感を得られ、人々から感謝をされればやりがいを感じられるでしょう。事故や犯罪の現場で働くことは、危険やプレッシャーと隣り合わせになるかもしれませんが、他の警察官と協力しながら困難な事件を解決し、市民の役に立っていくことが警察官になった醍醐味です。そして警察官の業務内容はわりと幅広く、さまざまな業務を経験できるので、自分が面白いと思えることを探すことができます。警察官に占める女性警察官の割合は、2012年で6.8％。警察庁はその割合を2023年までに全国平均約10％に拡大したいと考えているようです。

●警察官のキャリアモデル

キャリア組と呼ばれる国家公務員採用試験を受けて警察官になった国家公務員と、それ以外の地方公務員でいわゆるノンキャリア組があり、警察官の給与は階級で決まります。警察官になったばかりの頃は学歴で給料が分けられていますが、その後は昇任試験を受けてキャリアアップを目指していきます。また、公務員ならではのメリットとして子育てに関わる制度や待遇が充実しているので、家庭を持ち、子育てをしながら働くことは十分可能といえます。警察官は職場結婚が多いので、パートナーの理解を得ることもできれば、結婚や出産をへてもいままでと変わることなく働けて、定年まで続けていきやすい職業です。出産休暇や育児休暇については、たとえ

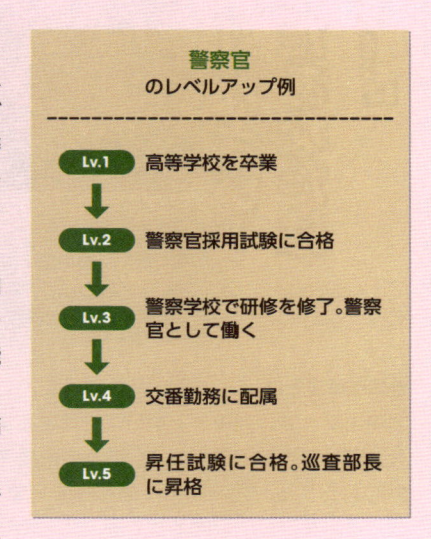

警察官
のレベルアップ例

- - - - - - - - - - - - - - - - - - - -

Lv.1　高等学校を卒業

Lv.2　警察官採用試験に合格

Lv.3　警察学校で研修を修了。警察官として働く

Lv.4　交番勤務に配属

Lv.5　昇任試験に合格。巡査部長に昇格

ば育児休業を3歳まで認めているところもあるなど、各都道府県によって待遇の差があるかもしれないので、見比べてみると良いでしょう。

対話力 発想力 専門性 安定 外勤 内勤

電車車掌

「並びなさい！ そして乗りなさい！
自由の切符を手に入れたあなたは
どこへでもいけるのです！」

電車車掌
乗客や荷物の流れを整理したり、安全を確保する「安全魔道士」。宝具「車掌の笛」で、ホームにあるモノ・ヒト・列車のすべてを統率。ベテランの「車内アナウンス」は車内の雰囲気を和ませることも。

● 電車車掌とは

電車車掌とは、列車が安全に走行できるように司る人のことをいいます。ホームのドアを開閉、車内のアナウンス、改札での乗客対応、運転士への電車発車の合図、車内での乗客トラブル、突然電車が停止してしまったため、線路に乗客を降ろして誘導するなど、乗客を安全に目的地まで運ぶことの手伝いを行う職業です。まずは鉄道会社の採用試験を受けてからキャリアをスタートし、駅員として1〜2年働きながら、車掌として必要な経験や業務を学んでいきます。

電車車掌の平均給料・給与

35万円

20代の給料：23万円
30代の給料：35万円
40代の給料：41万円
初任給　　：17万円〜

電車車掌の
平均給料・給与グラフ

23万円　　35万円　　41万円

20代　　30代　　40代

※給料の算出には求人や口コミ、厚生労働省の労働白書を参考にして
おります

●電車車掌の仕事の面白さ・向いている性格

まずは電車が好きなことが前提であり、業務中に乗客の安全を第一に考えて行動できる人が向いています。そして走行中に急な事故が起こった場合には乗客をすみやかに誘導したり、乗客同士のケンカの仲裁に入ること、さらには急病人の発生にも迅速に対応するなど、予期せぬ出来事が起こったときに冷静に判断しながら対応できることも重要です。そして、電車に乗るさまざまな人たち、小さな子どもからお年寄り、そして外国人などと心よく接することができる性格であること。乗客たちに対して、どんな小さなことでも心をこめて対応して、「ありがとう」という感謝の言葉を言ってもらえたならば、仕事をするにあたって大きな心の支えとなるでしょう。そして乗客の安全を守るには、運転士の行動を常に把握して、集中力を高めて迅速に行動する、コツコツと粘り強く、日々の業務に取り組んでいく努力も必要です。

●電車車掌のキャリアモデル

車掌になってからは車掌業務を続けて指導員になるようキャリアアップをしていくか、運転士の試験を受けて運転士を目指す人も多いです。車掌業務を２年ほどこなすと、電車運転士を志願することが可能になります。女性の採用も増加傾向にあり、少しずつ女性車掌も増えています。女性専用車両の登場や、お年寄り、子どもへの対応は女性が望まれることも多いので、今後も女性車掌の需要は高まっていくでしょう。ただ、電車が動く時間は朝早く、夜は遅いため、体力面できついことと、泊まり込みもあるシフト制勤務なので、子育てをしながら仕事を続けるには周囲のサポートは欠かせません。ただ、女性車掌の需要が高まっていくことで、時短勤務のような制度がしっかり整っていけば、決まった日に休みが取れて、残業もなくなればより働きやすくなるでしょう。

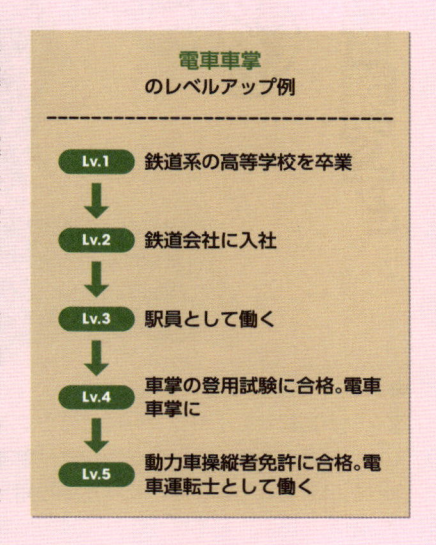

電車車掌
のレベルアップ例

Lv.1　鉄道系の高等学校を卒業

Lv.2　鉄道会社に入社

Lv.3　駅員として働く

Lv.4　車掌の登用試験に合格。電車車掌に

Lv.5　動力車操縦者免許に合格。電車運転士として働く

タクシー運転手

対話力 発想力 専門性 安定 外勤 内勤

『『私に話しかけているか？』という有名な台詞は私たちだけに許された言葉です』

タクシー運転手
お客を目的地まで運び届ける竜使い。スキル「裏道」で目的地まで最短時間で移動。特殊技「秘密の店」で、地元の人しか知らない美味しいお店へ案内をすることも……。

●タクシー運転手とは
タクシー運転手は、タクシーにお客さまを乗せて目的地まで送り届ける、運転業務を生業にした職業です。駅のタクシー乗り場でお客さまを待つ、もしくは車を走らせながら乗りたい人を探します。たくさん道を知っていることはもちろん、裏道も把握できて、かつ迷わないようにお客さまを送り届けていくことが重要です。間違ったルートにいってしまうと自分でお金を払わなければならないうえに、お客さまとのトラブルにもなりやすいので注意しましょう。

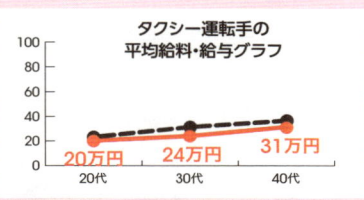

タクシー運転手の平均給料・給与	
24万円	
20代の給料：20万円	
30代の給料：24万円	
40代の給料：31万円	
初任給 　　：20万円	

タクシー運転手の
平均給料・給与グラフ

20万円　24万円　31万円

※給料の算出には求人や口コミ、厚生労働省の労働白書を参考にして
おります

●タクシー運転手の仕事の面白さ・向いている性格

お客さまを乗せて車を運転するので、運転が好きなことは必須条件です。そして車の運転だけではなく、接客業であることも忘れてはいけません。お客さまに快適に過ごしてもらうためには車内でどんなサービスをして、どんな話をすればいいのか、ということもお客さま一人一人に対して考える必要があります。なので、タクシー運転手には人と接することが好きであるということは運転好きと同じぐらい重要な項目になっています。また、歩合制ということから、自分の努力次第ではどんどん給与アップが望めることから、努力を惜しまず取り組める人も向いているでしょう。歩合制ということは、収入は不安定であるため、そういった給料が変動するということにも、精神的に耐えられるほうがよいでしょう。また、歩合制であれば、自分が一度乗せたお客さまをリピートさせることが重要なので、名刺を作り、積極的にアピールしていく営業力も必要です。

●タクシー運転手のキャリアモデル

毎月平均12 〜 13日の乗車になり、法人タクシー会社の場合は平均で45万円以上の売上目標があるようです。24時間勤務の次の日は、強制的に休みとなるため、13日以上は働けないことが多く、個人タクシー以外は月間ノルマもあります。お客さまに気に入られると、指名されるようになることもあり、お客さまがつけば独立して個人タクシーにするほうが収入アップは見込めます。女性が子育てをしながら働く場合は、24時間勤務は難しいので日中のみのシフトに変更してもらうなど、まわりの人からの協力が必要です。接客業という側面もあるので、女性のほうが好まれる場合もありますが、車の中でのお客さまとのトラブルもある可能性を考えると、女性には危険な面もあるかもしれません。しかし、時間を自由に使いながら稼ぐことができるので、子育てをしながら働くには向いています。

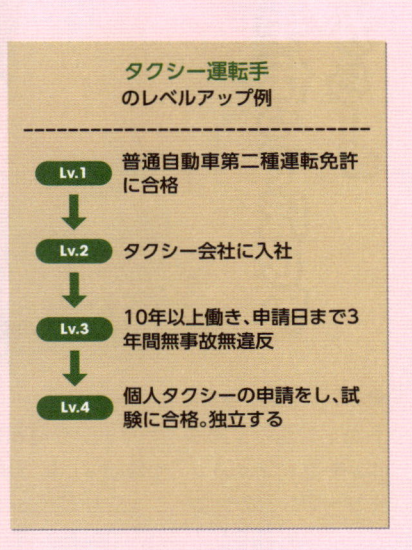

タクシー運転手
のレベルアップ例

- **Lv.1** 普通自動車第二種運転免許に合格
- **Lv.2** タクシー会社に入社
- **Lv.3** 10年以上働き、申請日まで3年間無事故無違反
- **Lv.4** 個人タクシーの申請をし、試験に合格。独立する

トラック運転手

「別にかっこいいあんたに手伝ってほしいだなんて思ってないんだから！」

トラック運転手
マシン「トラック」を操縦し、依頼物を届ける。取得するプルーフにより運転できるトラックのサイズが変わり、全国各地へ配送する姿から「日本経済の血管」と称される。

● トラック運転手とは

トラック運転手とは、トラックを運転して決められた時間と場所に荷物を運ぶ職業です。トラックといっても種類はさまざまで、小型トラックや普通トラックもあれば、ミキサー車などの大型トラックなどがあり、荷物も宅配便といった個人の荷物もあれば、ガソリンや高圧ガスなど、危険物に指定されるものもあります。そして乗車するトラックによって取得する必要がある免許の種類が異なります。おもに求められる免許は、普通自動車、中型自動車、大型自動車、けん引免許の4つです。

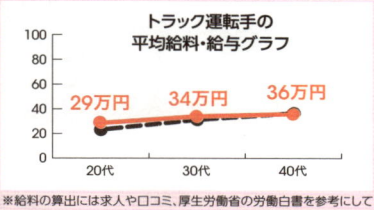

トラック運転手の平均給料・給与
33万円
20代の給料：29万円
30代の給料：34万円
40代の給料：36万円
初任給 ：28万円

トラック運転手の
平均給料・給与グラフ

29万円　34万円　36万円

20代　30代　40代

※給料の算出には求人や口コミ、厚生労働省の労働白書を参考にしております

●トラック運転手の仕事の面白さ・向いている性格

最低でも普通自動車免許は必要なので、そもそも運転が好きなことは大前提です。また、勤務時間も不規則で、夜通し運転しなくてはいけないという可能性もあるので、体力のある人でないと仕事をこなすのは難しいでしょう。時間を気にしながら、安全に配慮し、荷物を傷つけずにしっかりと届けることは、精神的にも疲れるため、ストレスを溜め込まないことも重要です。トラック運転手は地域でルート配送をする人もいれば、全国さまざまな場所を訪れる人もいます。そして決められた時間までに荷物を届けることができれば、自分で時間をコントロールできますし、デスクワークをしているのは辛いという人には魅力的な職業です。昨今、ネット通販が盛んな時代、集荷や配達は自分の担当区域を持たされ、おなじみの人とのやりとりが増えることから、トラック運転手の人柄も重要視されているので、人当たりのよい性格であることも重要です。

●トラック運転手のキャリアモデル

トラック運転手の給与体系で、固定プラス歩合もしくは完全歩合としている会社もあるので、体力と運転技術に自信があるならば、そういった給与体系にして自分の腕で稼ぐ、という人もいます。そして免許もたくさんの種類を持っていたほうが融通が利きやすいので、4種類の免許を取得しておくこともキャリアアップへの道を歩んでいく近道となります。女性がトラック運転手になってキャリアアップを目指す場合は、周囲のサポートはもちろん必須です。パートナーからも理解を得られること、それは長距離トラックに乗る場合、さまざまな場所へ行かねばならないので、家を留守にしてしまう可能性があるからです。さらに歩合制が適用される場合、たく

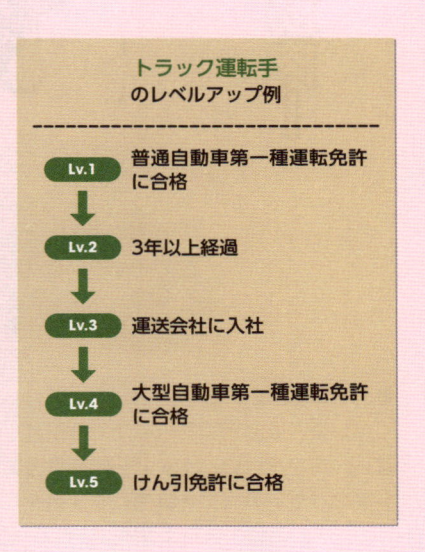

トラック運転手のレベルアップ例

Lv.1 　普通自動車第一種運転免許に合格

Lv.2 　3年以上経過

Lv.3 　運送会社に入社

Lv.4 　大型自動車第一種運転免許に合格

Lv.5 　けん引免許に合格

さんの荷物を運べないと体力的には厳しい仕事です。しかし、仕事の大半は運転のため、運転好きの女性には良いかもしれません。

対話力　発想力　専門性　安定　外勤　内勤

引越し業者

「重いは正義！ 正義は筋肉！ 筋肉は美しい！！！」

引越し業者

己の素手を使い荷物を運ぶ傭兵集団。引越しにおける運搬の速さ、丁寧さ、効率の良さを追求する。「対角線持ち」は段ボール移動をスムーズに行う運搬スキル。歴戦の名士は「筋肉ウーマン」へ進化する。

●引越し業者とは

引越し業者は運送業務のなかでも引越しを専門に行う人たちのことで、家庭や会社の引越し作業を請け負います。一般貨物自動車運送許可書を取得し、緑のナンバープレートをつけたトラックを駆使して仕事をします。依頼を受けたらまず依頼者の元へ見積もりに行き、引越し当日は規模に応じてトラックを準備し、家具や家電などを梱包し、プランによってはお客さまの荷造りをし、それらの荷物を引越し先まで運んで、荷解きを行います。場合によっては、すべての荷物の荷解きをして、設置まで行うこともあります。

●引越し業者の仕事の面白さ・向いている性格

おもな仕事はダンボールや家電、家具を運んで積み込み、さらにトラックから下ろす、ということなので、力仕事であることは間違いありません。ゆえに、体力や腕力に自信があるほうがよいでしょう。また、トラックを運転することもあるので大型トラックの運転ができるほうが有利になります。大きな家具などは注意を払って運ばないと、運んでいるものだけではなく、家自体を傷つけることにもなりかねません。また、新居へ運ぶ際にはダンボールを指定された場所へ間違いのないように運ぶことになるので、そういったことへの気配りができる必要もあります。また、引越し業者は休み期間に繁盛することが多いので、短期アルバイトなどにも適しています。学生だけではなく、自分の予定を優先しながら、短期間で稼ぎたい人には好都合な仕事です。また、引っ越しはその人の人生の転機ですから、そんな瞬間に立ち会えることは楽しみのひとつにもなります。

●引越し業者のキャリアモデル

引越し屋の従業員としてキャリアを高めるには、何度も現場に行って梱包の仕方や荷物の詰め方を研究することです。さらに大型免許の取得なども必要になりますし、体力勝負の仕事なので、そういった部分を鍛えていくことも重要です。経営をするのであれば、国土交通省から認可を受ける必要があります。一般貨物自動車運送事業であれば最低でも5台の車両を保有しなくてはいけないので、かなりの資金が必要となります。女性が働くには体力面が気にになりますが、お客さまの荷物をすべて梱包するようなときには女性のほうがきめ細かく梱包できることもあるので、その業務を目指してもいいかもしれません。また、1人暮らしの女性の要望に応えて、女性

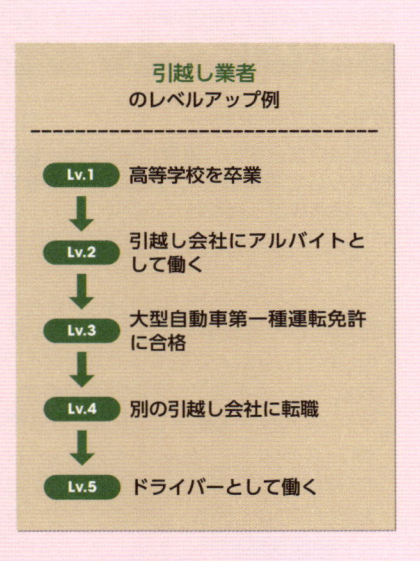

引越し業者
のレベルアップ例

- Lv.1　高等学校を卒業
- Lv.2　引越し会社にアルバイトとして働く
- Lv.3　大型自動車第一種運転免許に合格
- Lv.4　別の引越し会社に転職
- Lv.5　ドライバーとして働く

スタッフのみのサービスも開始されています。結婚や出産をして続けるとしたら、現場仕事よりも経営もしくは事務作業、コールセンターなどを検討したほうがよいでしょう。

巫女

対話力 発想力 専門性 安定 外勤 内勤

巫女
神に仕えし未婚の女性が就くことができるジョブ。アメノウズメの末裔。神スキルを駆使して神職の補助や、神事で舞を踊る。

巫女は神社でのお札の販売から作成、祈願の準備、境内や社務所の清掃などを行う仕事です。また、参拝者などに神社の説明をすることもあるので、神社や仏閣についての深い知識が必要となります。また、巫女のなかには神職の資格を持っている人もいますが、基本的には資格は必要なく、女性であれば誰でもなれる職業です。年末年始などの繁忙期にはアルバイトとして採用している神社も多数存在します。結婚や出産などで引退してからは事務作業にあたるか、神楽の指導にあたる場合もあります。

「凶を引くというのは、不幸をその瞬間に体験すること。だからそれ以降あなたは幸せになれますよ」

巫女の平均給料・給与
22万円

20代の給料	：16万円
30代の給料	：20万円
40代の給料	：27万円
初任給	：12万円

巫女の平均給料・給与グラフ

16万円 20代 / 20万円 30代 / 27万円 40代

※給料の算出には求人や口コミ、厚生労働省の労働白書を参考にしております

ヨガインストラクター

対話力 発想力 専門性 安定 外勤 内勤

ヨガインストラクター
真言宗や天台宗の「護摩」「阿字観」などの密教行為として日本に伝わったヨガを伝道するジョブ。残念ながら炎を吐くことはできない。

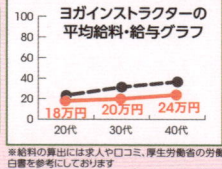

「牛馬にくびきをつけて車につなぐ」という意味から、『心と身体を結びつける』に昇華したのがヨガです」

ヨガインストラクターは、ヨガの楽しさや実践方法を教える仕事です。ヨガスタジオをはじめ、各自治体などが開くヨガ講座などでヨガを教えます。大手スタジオで勤務するか、フリーランスで働く人もいます。結婚や出産をへても続けられますし、フリーランスであれば、常連のお客さまや贔屓にしてくれる人がいれば、収入アップも望めます。自分のスタジオを持つことで時間の融通を利かせることもできます。ヨガを通じてお客さまと触れ合い、お客さまの喜ぶ顔を見ることが何よりのやりがいとなります。

ヨガインストラクターの平均給料給与
20万円

20代の給料	：18万円
30代の給料	：20万円
40代の給料	：24万円
初任給	：15万円〜

ヨガインストラクターの平均給料・給与グラフ

18万円 20代 / 20万円 30代 / 24万円 40代

※給料の算出には求人や口コミ、厚生労働省の労働白書を参考にしております

キャバクラ嬢

対話力 | 発想力 | 専門性 | 安定 | 外勤 | 内勤

「『お客さま……』。接客とは何なのがわかったような気がします」
「『お客さま』から『男』に変わる瞬間」

キャバクラ嬢

日本独特の接客ジョブ系の一つ。10代後半〜20代前半の女性限定ジョブ。上級クラスになると雑誌にも出るモデル同等の影響力を持つ。

キャバクラ嬢は、おもに来店したお客さまのテーブルに一緒に座って、会話をしながらお酒をつくり、接客する仕事です。そもそもお店に来てもらい、指名料をもらわないと成立しないので、メールや電話でお客さまに連絡をする営業をする必要があります。キャバクラ嬢になるには外見が良いということは欠かせない要素なのと、年齢も若いほうが向いています。基本的に結婚や出産を経験したり、30歳を過ぎると、スナックなどでホステスとして働くことが多いようです。

キャバクラ嬢の平均給料・給与

35万円

20代の給料	：35万円
30代の給料	：0万円
40代の給料	：0万円
初任給	：10万円〜

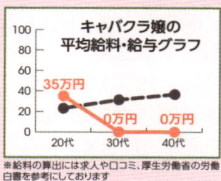

キャバクラ嬢の平均給料・給与グラフ

※給料の算出には求人や口コミ、厚生労働省の労働白書を参考にしております

メイドカフェ店員

対話力 | 発想力 | 専門性 | 安定 | 外勤 | 内勤

メイドカフェ店員

「ご主人さま」にお給仕をするジョブ。回復アイテム「おむらいす」や「はんばーぐ」を調理・精製。「萌えトーク」で状態異常を治療する。

メイドカフェ店員は、メイドカフェに来たお客を「ご主人さま」と呼び、給仕業務を行ないながら会話をしたり、一緒に写真を撮ったり、ときには歌を歌ったりするなどの仕事をします。コスプレ、ご主人さまとの会話を楽しめて、いかにメイドになりきるか、ということに注力できるような人が向いています。メイドカフェ店員はほとんどがアルバイトで、20代前半ぐらいまでが働ける年齢です。30代でも仕事を続けたい場合は、店側の人間になるか、もしくは経営することを念頭に置いておきましょう。

「『ご主人さま』のことを年齢によって『男爵さま』『伯爵さま』『公爵さま』と呼ぶようにしております」

メイドカフェ店員の平均給料・給与

10万円

20代の給料	：10万円
30代の給料	：0万円
40代の給料	：0万円
初任給	：5万円〜

メイドカフェ店員の平均給料・給与グラフ

※給料の算出には求人や口コミ、厚生労働省の労働白書を参考にしております

| 対話力 | 発想力 | 専門性 | 安定 | 外勤 | 内勤 |

鍼灸師

「いつも私自身に問いてます。何本刺せばいいのか、と」

鍼灸師
はり師ときゅう師の２つの資格を兼ね備えたジョブ。身体へ加えた物理刺激による治療的経験を集積させた歴史ある職業だ。

鍼灸師（しんきゅうし）は「はり師」と「きゅう師」の両方の国家資格を取得した人のことをいいます。体に、はりや灸を用いて刺激を与えることで、体の中のさまざまな治療を行い、健康を促していきます。はりは、はりを患部に刺して治療をし、灸は、もぐさを燃焼させて人体にあるツボに刺激を与えることで、体の不調な部分を改善していきます。キャリアアップを目指す場合は、独立開業することになります。女性の鍼灸師は増加傾向にあり、美容業界への進出も増えています。

鍼灸師の平均給料・給与

27万円

20代の給料：20万円
30代の給料：28万円
40代の給料：35万円
初任給　　：15万円〜

鍼灸師の平均給料・給与グラフ

20代	30代	40代
20万円	28万円	35万円

※給料の算出には求人や口コミ、厚生労働省の労働白書を参考にしております

| 対話力 | 発想力 | 専門性 | 安定 | 外勤 | 内勤 |

音楽療法士

音楽療法士
ダビデの竪琴を装備し、音楽の力で精神や体力を治癒させる「音魔導士」。演奏家と看護師など２つのジョブ経験が必要。

「C、G、Am、Em、F、C、F、G。暗号を紐解いたものこそが癒やしを与えられるんです」

音楽療法士は、音楽が持つ力を使って心身に不調をきたす人、精神的に辛い人を回復へ導いていく仕事です。音楽を聴く、歌う、演奏することによって、認知症や精神障害者、高齢者、薬物依存症者などの心身に治療の効果があるといわれています。ただし、正式なプログラムとして採用している施設は少なく、施設の職員となって、補助的に活かすというほうが現実的です。施設の職員として働く場合、その施設の育児制度が充実しているのであれば、結婚や出産をへても続けられる職業です。

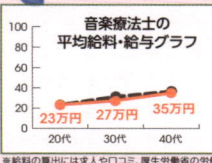

音楽療法士の平均給料・給与

28万円

20代の給料：23万円
30代の給料：27万円
40代の給料：35万円
初任給　　：18万円〜

音楽療法士の平均給料・給与グラフ

20代	30代	40代
23万円	27万円	35万円

※給料の算出には求人や口コミ、厚生労働省の労働白書を参考にしております

Index

▶▶ *Staff*

●イラスト

名前	掲載ページ	URL
akaya	p54,84,108,162	https://twitter.com/akaya9210
bono	p180,182	https://twitter.com/kurobono08
KaShiwa	p32,34(ラフ),36(ラフ),40(ラフ),62	https://twitter.com/Urchi_Rice
Maeka	p98下,99下,105上,105下,106,116下,145下,165上,165下	https://twitter.com/kumaekake
ありすん	p122	https://twitter.com/illustarisu
あれく	p138,140,142,152,169上,188下	https://www.instagram.com/aureolin24/
色合mdd	p8,20,22,24,58,64,118	http://iroai08.iga-log.com/
鶯ノキ	p44,82	http://www.pixiv.net/member.php?id=12897275
卯月	p10,12,46,166	https://twitter.com/cq_uz
内海痣	p74,112	https://twitter.com/aza_uchimi
大滝ノスケ	p28,48,52,56,60,70,81上,81下,116上,132,154,156	http://araku-toko.tumblr.com/
かんようこ	p16	https://twitter.com/k3mangayou
キスガエ	p78,100	https://twitter.com/kisugae
木志田コテツ	p172	http://www7b.biglobe.ne.jp/~alphaville/
ぐびすけ	p120	
紅秀樹	p68,76上,76下,77上,77下,86,117下,134,186下,188上	https://twitter.com/BlueLovers10
桜犬	p72,114	https://twitter.com/sakurainu_
じゅん	p146	https://twitter.com/navigavi
たけみや	p14,96,98上,110,124,126,128,136,174,186上,187上	https://pixiv.me/takemiya_09
とーえ。	p36(仕上げ),40(仕上げ),150	https://pixiv.me/satin0405
武楽 清	p170,176,178,184	http://www.pixiv.net/member.php?id=3771155
べにはあ	p169下	https://twitter.com/emihahaha
モ太朗	p117上	https://twitter.com/mota_low
ヤツカ	p90,92,94,99上,102,145上,148	https://twitter.com/yatsuka_y
山本佳輝	p34(仕上げ),158	http://blog.livedoor.jp/terupiyo/
ヨンビン	p30	https://twitter.com/yeongbinboo
りーん	p187下	https://twitter.com/rea_n_

●**ブックデザイン** 池上幸一

●**DTP** 山本秀一＋山本深雪（G-clef）

●**執筆** 荻田美加　小林美姫　井上真規子

●**編集協力** 齋藤俊樹

●**イラスト協力** サイドランチ

●**編集** 阿草祐己　九内俊彦（宝島社）

給料BANK（きゅうりょうばんく）

2014 年 6 月にオープンした情報ポータルサイト。さまざまな職業の給料や仕事内容、就労方法など、職業にまつわる情報を RPG 風イラストとともに紹介している。
http://kyuryobank.com/

山田コンペー（やまだこんぺー）

給料 BANK 編集長。1980 年北海道札幌市生まれ。北海学園大学法学部卒。ラジオレポーター、俳優、ウェブデザイナー、ウェブディレクター、企画編集、ウェブコンサルタントとさまざまな職を経験。所属会社の倒産を機に、ポータルサイトの企画制作運営を行う「ポータルサイター」として独立。給料 BANK のほかに7 つのポータルサイトを運営しながら、札幌と東京の 2 拠点で活動中。

女子の給料&職業図鑑

2017年3月3日　第1刷発行

著　者　　給料BANK

発行人　　蓮見清一
発行所　　株式会社宝島社
　　　　　〒102-8388
　　　　　東京都千代田区一番町25番地
　　　　　電話（営業）03-3234-4621
　　　　　　　（編集）03-3239-0928
　　　　　http://tkj.jp

印刷・製本　　株式会社廣済堂